CEIBS | 中欧经管图书

高管薪酬激励

从理论到实际

黄钰昌 著

中国出版集团
東方出版中心

图书在版编目（CIP）数据

高管薪酬激励：从理论到实际 / 黄钰昌著. 一上海：东方出版中心, 2019.10（2023.5重印）
ISBN 978-7-5473-1556-9

Ⅰ. ①高… Ⅱ. ①黄… Ⅲ. ①企业–管理人员–激励–研究 Ⅳ. ①F272.92

中国版本图书馆CIP数据核字（2019）第212857号

丛书策划　刘佩英
特约策划　胡峙峰
责任编辑　徐建梅
特约编辑　朱　枫　张碧萱
装帧设计　**奇文雲海 Chival IDEA**

中欧前沿观点丛书

高管薪酬激励：从理论到实际

编　　著　黄钰昌

出版发行　东方出版中心
地　　址　上海市仙霞路345号
邮政编码　200336
电　　话　021-62417400
印 刷 者　山东韵杰文化科技有限公司

开　　本　890mm × 1240mm　1/32
印　　张　6.625
字　　数　109千字
版　　次　2019年10月第1版
印　　次　2023年 5 月第5次印刷
定　　价　65.00元

院长的话

1994年，中欧国际工商学院（下称“中欧”）由中国政府和欧盟联合创立。廿五载风雨兼程，伴随着中国经济稳步迈向世界舞台中央的历史进程，中欧从西方经典管理知识的引进者，逐渐成长为全球化时代中国管理知识的创造者和传播者，走出了一条独具特色的成功之路，建成了一所亚洲领先、全球知名的商学院。中欧以“认真、创新、追求卓越”为校训，致力于培养兼具中国深度和全球广度、培养积极承担社会责任的商业领袖，被中国和欧盟的领导者分别誉为“众多优秀管理人士的摇篮”和“欧中成功合作的典范”。目前，中欧的MBA和EMBA课程均位列英国《金融时报》排行榜全球五强，在亚洲商学院中无出其右者，与全球顶尖商学院相比亦不遑多让。

中欧拥有世界一流的教授队伍，其中有70余位全职教授，来自全球18个国家和地区，他们不仅博学善教，也引领商业知识的创造。中欧的教授队伍中既有学术造诣深厚、连续多年入选“高被引学者”榜单的杰出学者，又有实战经验丰富的企业家和银行家，以及高瞻远瞩、见微知著的国际知名政治家。

受上海市政府委托，中欧领衔创建“中国工商管理国际案例库（ChinaCases.Org）”，已收录精品案例1 200多篇，被国内外知名商学院广为采用。中欧还独创“实境教学法”，引导商业精英更好地将理论融入实践，做到经世致用、知行合一。

此次，中欧教授中的骨干力量倾力推出中欧前沿观点丛书，不仅是为即将到来的中欧25周年校庆献礼，也是希望以简明易懂的形式让高端学术“飞入寻常百姓家”。我们希望这套丛书能够给予广大读者知识的启迪、实践的参照，以及观察经济社会的客观、专业的视角；也希望随着中欧前沿观点丛书的不断丰富，它能成为中欧知识宝库中的一道亮丽风景线。

李铭俊教授

中欧国际工商学院院长

迪帕克·杰恩（Dipak Jain）教授

中欧国际工商学院欧方院长

2019年9月1日

总　序

中欧前沿观点丛书和读者见面了。首批6本图书于2019年出版发行，而2019年恰逢中欧国际工商学院建院25周年。中欧国际工商学院（下称“中欧”）是中国和欧盟于1994年合作创办的商学院。中欧在短短的25年里创造了世界教育领域的奇迹——从最初十年的默默无闻到最近十多年来屡居全球商学院多个权威榜单的前茅。在英国《金融时报》的榜单中，中欧MBA课程位居全球第五（2019年1月发布），中欧EMBA课程也位居全球第五（2018年10月发布）。两个“全球第五”成为中欧25周年华诞的完美献礼！

中欧能够打造精品课程，仰仗的是中欧教授深厚的学术修养和实操经验。中欧拥有70余位全职教授，来自18个国家和地区，其中中国籍教授占40%（含港澳台），外籍教授占60%。中欧教授均有在海外留学和教学的经历，熟悉国际学术界的前沿理论及其商业应用，因而他们具有宽广的国际化视野。同时，中欧每个教授均花费大量时间和精力深耕中国案例，因而他们拥有对中国实践的深刻认知。中欧为这些具有“中国深度、全球广度”的教授们提供了发挥其才能的最佳舞台，而教授们回馈其才华帮助中欧实现“聚焦中国、贡献世界”的雄心。

遗憾的是，绝大多数中欧教授“养在深闺人未识”。这套中欧前沿观点丛书意在弥补这个缺憾，让这些“隐士教授”向大众读者露个脸，让不曾上过这些教授课程的读者领略一下他们的学识和风范，同时也让上过这些教授课程的读者重温一下曾经品尝过的思想佳肴。丛书编委会希望这套丛书能呈现四个特点。第一是有料，就是书中有足够多的满足读者胃口的知识点。第二是轻快，做到“内容轻学术，形式简篇幅”，让读者翻开书就被吸引，手不释卷能在较短的时间内读完第一遍。第三是回味，就是在读完第一遍后，还会有兴趣去读第二遍和第三遍，既要“轻学术”，又要“厚内涵”。第四是实操，就是书中的知识能够对现实中的相关决策有一定的指导意义。简而言之十个字：有料有回味，轻快能实操。这“十字诀”就是中欧前沿观点丛书的定位。

中欧前沿观点丛书首批6本将在2019年11月举行的中欧25周年庆典上亮相，之后该丛书将继续推出中欧教授的原创小书。经济学中有个著名的观点：小的是美好的。希望这套丛书会是中欧教授思想的美好呈现。我们会竭尽全力将这套丛书做成精品，同时我们愿意倾心听取读者的批评意见（电子邮箱：gdcs@ceibs.edu）。

本套丛书的成功出版要感谢中欧领导层的支持，感谢丛书顾问们的指导和丛书编委们的付出。同时也要感谢数字中欧和东方出版中心的通力合作。我们期待中欧前沿观点丛书能够吸引到一大批忠实的读者。愿这套丛书与读者常相伴，共成长！

中欧前沿观点丛书编委会

2019年8月于上海

目录

Contents

绪论

众所周知，公司治理中最大的挑战在于如何平衡职业经理人的激励与报酬。在过去20年间，北美高管的薪酬出现巨大改变，不仅在金额上有大幅度的增长，而且在结构上也发生了重大变化。而这其中绝大部分薪酬的增加都要归根于大量的使用期权或是股权激励。更有甚者，此风向的变化甚至蔓延到世界各地，也包括中国等发展中国家。到底股权激励能够达成什么样的目的？能否吸引或保留住企业真正需要的人才？它与其他不同类别的薪酬支付方式到底有何差别？未来的发展又是如何？这些都是我们迫切需要解答的问题。

部分学者、专家甚至认为造成2009年北美金融危机的大部分原因，是过高的高管薪酬激励所带来的管理层过度的风险逐利行为[1]。毋庸置疑，多年来“薪酬过高”或“贪婪”的高管一直遭到资本市场的诟病以及社会舆论的压力。根据Bloomberg发布的《2018年高管薪酬调查报告》，Tesla的CEO埃隆·马斯克（Elon Musk）2018年度的总薪酬超过了5亿美

---

[1] Thompson, R, “Excessive Executive Pay：What’s the Solution?” Harvard Business School, 21 Sept 2009. Research & Idea. https：//hbswk.hbs.edu/item/excessive-executive-pay-whats-the-solution.

元（见图0-1）。也可以说，高管薪酬水平与企业的业绩表现或企业价值创造没有合理匹配，董事会无法发挥应有的治理功能与监督机能，应是当前公司治理最大的挑战。

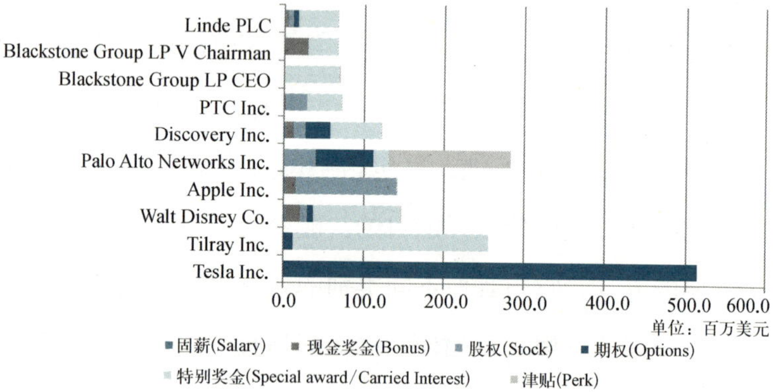

图0-1　Bloomberg 2018年收入最高的10位CEO

再看另一组数据，研究发现从20世纪70—90年代，北美上市公司CEO薪酬的绩效敏感度大约已然增加10倍！换句话说，每提升一个单位的“公司业绩”（1 000美元），企业必须付给CEO的现金成本（现金奖金），从20世纪70—90年代开始大约上涨了10倍（见图0-2）。也就是对应相同业绩产出的增量（百分比），管理层的薪酬成本上升百分比从70—90年代已经涨了10倍。

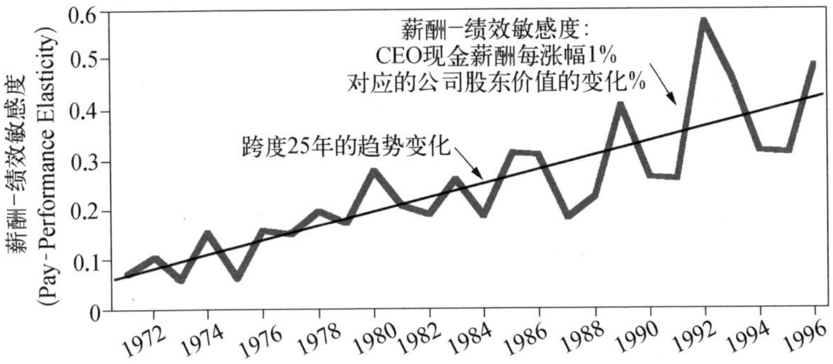

图0–2 1972—1996年北美上市公司CEO
薪酬–绩效敏感度变化趋势

同样地，期权、股权等长期薪酬的敏感度在20世纪90年代也经历了一轮快速上升——对应每1 000美元的公司业绩增长，付给CEO的期股权成本增加的速度也快速上涨。从1992—1996年的5年间，美国制造业期股权的“薪酬–绩效敏感度”上涨约1.6倍（见图0–3）。

根据上述Murphy（1998）[1]的研究，我们也可以看到近20年间“中小企业”的高管相对应的激励敏感度增加幅度是最高的，大约企业价值每增加 1 000美元，CEO的薪酬对应增加约30美元。

---

[1] Murphy, J. Kevin, “Executive Compensation,” 1998. Working paper, Marshall School of Business, University of Southern California.

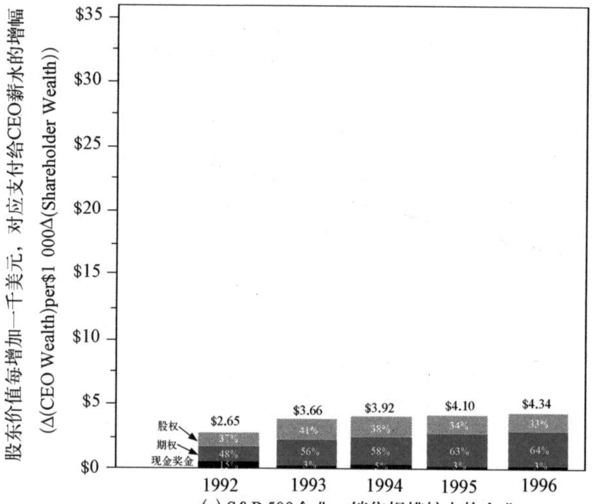

(a) S&P 500企业：销售规模较大的企业

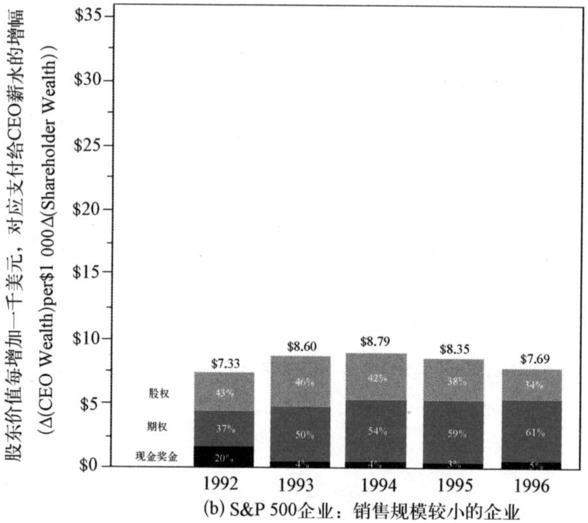

(b) S&P 500企业：销售规模较小的企业

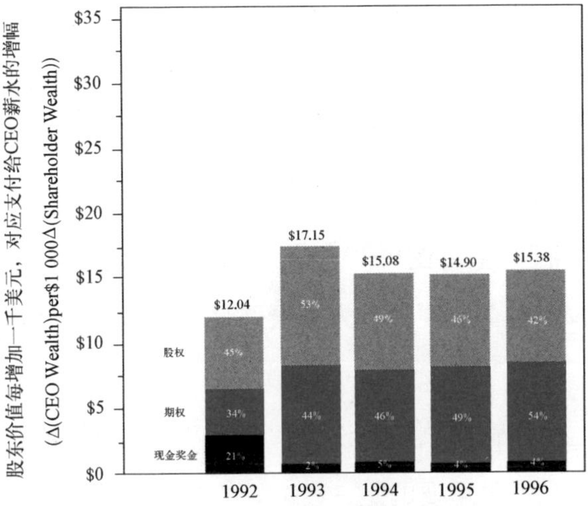

(c) S&P中型企业

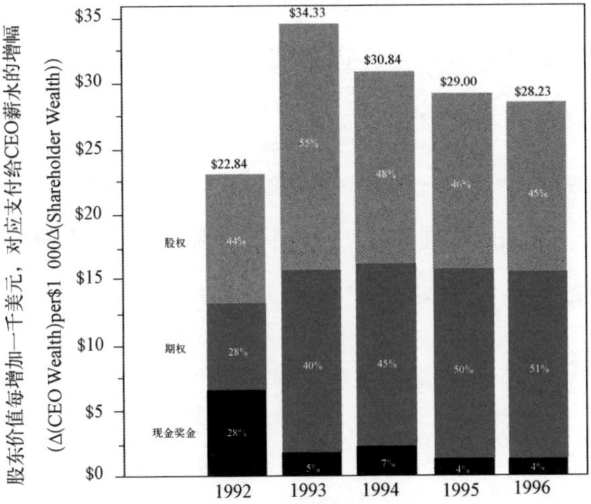

(d) S&P小型企业

图0-3 1992—1996年S&P500上市公司CEO薪酬-绩效敏感度变化趋势

与此同时，根据2002年美国盖洛普的一项普查发现，CEO在美国社会的“声誉”几乎和4S店汽车销售员差不多（属于不可被信任的人群）。近80%的受访民众认为大型企业的CEO、高层主管经常会做一些不适当、利己害人（股东利益）行为（见图0–4）。这几个简单的统计数据足以反映民众普遍对企业高管行为的厌恶及背后暗藏的公司治理的危机。

合适的高管薪酬机制设计，不但可以吸引保留具有才华的管理团队，更重要的是，一个好的机制能够激发员工的激情、情怀、潜力，还更能通过加大管理层与股东利益的一致化来提高企业的生产力并创造股东价值。因此，如何设计合宜的薪酬激励来确保企业/股东的长、短期利益与管理层一致并带来价值创造，同时又能够“匹配”“吸引”“保留”住真正具有能力的管理人才？这将是机制设计者所面临的最大挑战。正如20世纪80年代管理层并购的先驱George Roberts所述[1]。

[1] George R. Roberts, “Corporate Governance and the Power of Ownership,” The Corporate Board, September/October 1998.

调查1：哪些人值得信赖？
(People Who Can Be Trusted)

		最可信赖 (Most Can Be Trusted)	不太可信 (Can't Be Too Careful with Them)
小企业主	(People Who Run Small Businesses)	75%	22%
军人	(Military Officers)	73	24
大企业CEO	(CEOs of Large Corporations)	23	73
汽车销售	(Car Dealers)	15	81

调查2：大公司高管是否有损害公司利益的不当行为？
(Do top executives of a large corporation take improper actions to help themselves at the expense of the corporation?)

调查结果：79%的受访人认为大企业高管有非常多或一定程度的此类不当行为
(79 percent responded that improper actions are "very" or "somewhat" widespread)

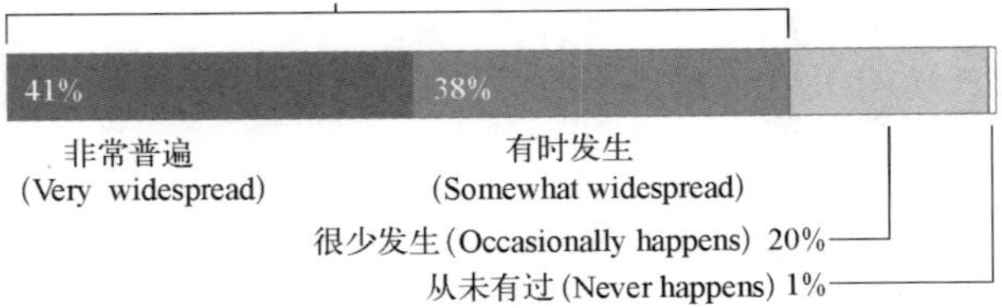

图0–4 2002年美国盖洛普关于高管"声誉和可信赖度"的普查数据

来源：CNN/USA Today/Gallup Poll, July 2002.

> 任何出租过房子的人都可以深刻地告诉你，屋主照顾自己的家肯定会比租客更好，更为细心。同样的道理，管理层和董事会若是对被托管的企业拥有一定的财务承诺，那么他们通常会更努力地来创建企业的长短期价值……当企业的核心团队，包括管理层、员工，或是董事，若是对被托管的企业拥有部分的“所有权”，那么该企业的经营业绩应当会表现得更好。

用简练的语言来表述，“产权，解决部分道德风险”，这是我们数十年研究的发现和结论。如何平衡高管长短期激励、股东价值创造与高管人才的筛选与保留将是本书探讨的核心。

一般而言，高管的薪酬主要包括固薪、奖金、期股权以及其他“福利”。任何企业付给管理层的“总薪酬”必须考虑到市场竞争力，否则就无法吸引到合适的人才。从某种程度上而言，单独讨论个别薪酬要素的高低并无太大意义，毕竟这几个薪酬要素是相互影响、相辅相成的来决定管理层的薪酬结构。然而在实证研究上我们观察到，薪酬结构设计往往与企业人才战略、行业特征呈现一定程度上的关联，包括固薪占比的高低、现金奖金的比例、期股权授予的多寡，这些设计组合或多或少有一定的法则可循。在本书中，从现金奖金到期股权，我们将系统地分析、探讨各个高管薪酬设计的原理与逻辑，也会穿插列举一些相应的中西案例以配合我们的讨论。

第1章

企业的「股东价值的创造」

向前看还是往后看？“激励”重要还是“绩效”重要？

在设计高管薪酬之前，我们需要清楚何谓企业的“股东价值的创造”？如何计量？管理团队作为股东的代理人，主要任务便是提升企业的价值，而高管薪酬的兑付也应当是围绕“股东价值的创造”来设计的。我们用最简单的估值模型——会计超额盈余估值模型（Ohlson Model）来阐述“股东价值创造”的概念。“价值创造”可以定义为在特定时间区段内企业价值（或估值）的变化，用估值公式表达，即期末的估值（V_t）减掉起初的估值（V_{t-1}）。

根据简单的会计超额盈余估值模型，企业在期初$t-1$的“估值”V_{t-1}将会等于当时的净资产值B_{t-1}加上未来超额盈余X_t的折现值（假设企业的平均资金成本为k）：

$$V_{t-1} = B_{t-1} + \sum_{s=0}^{\infty} \frac{E_{t-1}[X_{t+s}]}{(1+k)^{1+s}}$$

同样地，企业期末的“估值”（i.e.，在t期）变成：

$$V_t = B_t + \sum_{s=0}^{\infty} \frac{E_t[X_{t+1+s}]}{(1+k)^{1+s}}$$

因此，企业在第t期所创造的价值ΔV_t等于期末估值V_t减掉期初估值乘对应的投资回报（1+k）· V_{t-1}再加上当前股东配息d_t：

$$\begin{aligned}\Delta V_t &= V_t + d_t - (1+k) \cdot V_{t-1} \\ &= \left(B_t + \sum_{s=0}^{\infty} \frac{E_t[X_{t+1+s}]}{(1+k)^{1+s}}\right) + d_t - (1+k) \cdot \\ &\quad \left(B_{t-1} + \sum_{s=0}^{\infty} \frac{E_{t-1}[X_{t+s}]}{(1+k)^{1+s}}\right) \\ &= (B_t + d_t - (1+k) \cdot B_{t-1} - E_{t-1}[X_t]) + \\ &\quad \left(\sum_{s=0}^{\infty} \frac{E_t[X_{t+1+s}]}{(1+k)^{1+s}} - (1+k)\sum_{s=1}^{\infty} \frac{E_{t-1}[X_{t+s}]}{(1+k)^{1+s}}\right)\end{aligned}$$

第一个括弧项可以重新整理成：

$$B_t + d_t - (1+k) \cdot B_{t-1} - E_{t-1}[X_t] = e_t - E_{t-1}[e_t]$$

它实质上就是所谓：第t年超出预期的盈余，也就是一般通称“盈余的惊喜”。这也就是说，价值创造的第一个来源是“已实现的业绩”。

第二个括弧项可以整理成：

$$\sum_{s=0}^{\infty}\frac{E_t[X_{t+1+s}]}{(1+k)^{1+s}}-(1+k)\sum_{s=1}^{\infty}\frac{E_{t-1}[X_{t+s}]}{(1+k)^{1+s}}$$
$$=\sum_{s=0}^{\infty}\frac{E_t[X_{t+1+s}]-E_{t-1}[X_{t+1+s}]}{(1+k)^{1+s}}$$

这基本是反映了市场对企业未来“剩余收益”的预期变化。换一种说法，价值创造的第二个来源是企业未来长期表现，也就是“未来预期的改变”。总而言之，价值创造ΔV_t可以来自两个方面：“已实现业绩的惊喜”和“未来预期的改变”。

已实现业绩的惊喜　　　　未来预期的改变

$$\Delta V_t=[e_t-E_{t-1}[e_t]]+\sum_{s=0}^{\infty}\frac{E_t[X_{t+1+s}]-E_{t-1}[X_{t+1+s}]}{(1+k)^{1+s}}$$

* 其中B_t代表期初的净资产值；$\sum_{s=1}^{\infty}E_t[X_{t+s}](1+k)^{-s}$代表在期初股市对该企业未来$t+s$期到$\infty$后的剩余盈余$X_{t+s}$（abnormal earnings，亦即是盈余扣减掉对应资产的资金成本）折现后的期望值的加总。k代表该资金对应风险下的资金成本。

由上述简单的拆解可以清楚地看到，企业“股东价值创造”基本上可以分拆成两大块：一是企业已实现净值的变化，实质上就是当期利润减去期初对当期“利润的预期”，是已经实现的利润，反映了企业当年的绩效的惊喜；第二块则反映投资者对该企业未来预期的改变。假如市场在期末时对企业未来的预期比期初时更好，那么这一项将会是正的。

进一步来想，若要提升企业价值，到底是目前“已经实现”的盈利重要？还是改变资本市场对企业未来预期重要？对不同行业不同类型的企业来说，发力点和侧重点不同。对于钢铁业、制造业等传统产业来说，企业发展大多处于相对稳定的阶段，成长机会有限。除非国家对央企或国企混改的政策在一夕之间有重大改变，否则在目前的经济状况下，市场投资者对企业或行业未来的运营预期是很难有明显变化的。绝大多数情况下，这类企业当期的业绩表现会直接影响到股价起伏，进一步来说，过往业绩所反映出的获利能力，在很大程度上影响了这类企业的市场估值，并与他们的价值创造密切相关。

再看京东、滴滴、Amazon等这类电商、互联网平台或是电动汽车等科技股，多年来它们的股价持续的上涨，但有趣的是其中真正实现盈利的企业并不多。那么它们的市值到底是由什么来支撑的呢？事实上，市值的变化更多反映了市场投资者对企业预期不断地改变，而并非是当期已经实现的业绩带来的影响。2013年Netflix（网飞）凭借大家熟知的原创剧《纸牌屋》，成功从传统互联网流媒体服务的提供者突破成为好莱坞影视娱乐主流“影视内容”的提供者，股价从2013年中的40美元涨到2016年初的700多美元，几乎翻了20倍！

小案例：亚马逊2018年第三季度公告及资本市场的反应

Amazon third-quarter sales disappoint, shares tumble

Melody Hahm Senior Writer; Yahoo Finance, October 26, 2018

https://finance.yahoo.com/news/amazon-third-quarter-sales-disappoint-shares-6-200621402.html

Amazon.com, Inc. (AMZN)

1,782.17+117.97 (+7.09%)

At close: 4:00PM EDT

1,650.00 −132.17 (−7.42%)

After hours: 7:59PM EDT

Amazon's (AMZN) third quarter revenue and fourth-quarter guidance missed expectations, sending shares lower after the market close on Thursday.

The e-commerce behemoth reported earnings per share of $5.75 on revenue of $56.6 billion. Analysts polled by Bloomberg expected the company to report earnings of $3.14 per share on revenue of $57.07 billion. Revenue from Amazon Web Services, its cloud business, grew 46% to $6.7 billion.

Shares of Amazon fell more than 7% after Thursday's earnings report, after getting hammered during the broader market sell-off this week.

图1-1 亚马逊2018年第三季度公告

这正是市场预期的改变对估值的巨大影响。所以，下回同学聚会时如果有人恭维你“老同学，你跟3年前一模一样，一点都没改变”，这可绝对不是好消息。因为这表示他对你的“预期”和估值在这3年内没有丝毫变化，你的$V_t - V_{t-3}=0$，太悲催了！

这是一个非常有趣的现象（见图1–1）。亚马逊在2018年10月26号公告了第三季度业绩：营业额比市场预期的570.7亿美元低约4.7 亿美元，而每股盈余达到5.75美元，远远高于市场预期的83.12%，但消息公布后股价却立马从每股1 782.17美元下跌至1 650.00美元，瞬间亚马逊的股价下调约7.42%。请问，到底发生了什么事情？股价不是应当受盈余影响？为何盈余超预期的上升83.12% 股价却下跌7.42% ？

亚马逊2018年第三季度公告（摘要）—2018/10/26

- 营业额低于市场预期：570.7亿美元（预期）⇒566亿美元（实际）–0.824% ↓；
- 但利润高于市场预期：每股盈余3.14美元（预期）⇒5.75美元（实际）83.12% ↑；
- 股价在公告当天，下跌了7.42%。

市场对亚马逊未来的“预期”应当会受到季度公告的影响，但显然，超预期的净利润作为已经“实现”的业绩惊喜，对估值似乎没有带来正面的影响；相反，公告中透露出“销售下滑”的迹象可能大大改变了市场对亚马逊未来“盈利能力”的预期。也就是说，对亚马逊这一类互联网公司来说，市场预期会更多着眼于企业未来的发展潜力和盈利能力，而当期实现的利润惊喜对市值的影响是非常有限的！可以说，企业要么通过赚取大量的利润来创造股东价值，要么让投资者认为企业具有未来持续获利的能力，以此改变市场对企业未来的预期。

价值创造的驱动与高管薪酬结构设计的关系

现在我们已经了解企业价值的驱动因素主要是“已经实现的利润惊喜”和“市场对企业未来预期的改变”。那到底这两者与高管绩效考核以及股权激励设计有什么样的关联?

首先，我们知道高管的首要任务是创造股东价值，而所谓“股东价值的创造”主要由“已实现利润的惊喜”+“未来市场预期的改变”两大元素组成（见图1–2）。前者是企业绩效的概念，“绩效”是往后“看过去”；而后者是向前“看未

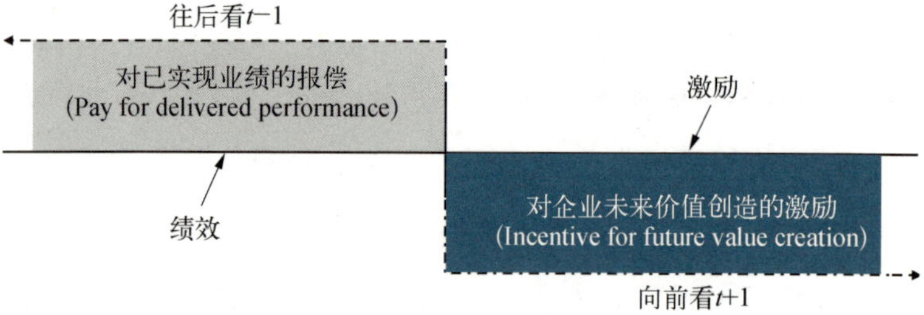

图 1-2　绩效与激励的区别

注：股东价值创造的定义实质上是已实现的业绩加上未来价值创造预期的改变的总和。

来”，属于“激励”的范围。对企业而言，“已实现的绩效”应该是与管理层“短期”的现金奖金相关联；而市场投资者对“企业未来预期的改变”仍尚未实现，就不应该以“现金”支付，而应使用股权或期权等“长期”激励工具来绑定，仅在未来预期真正实现的时候才能兑现。

因此，从理论的角度，不同企业对于“已实现的业绩”和“未来预期改变”对企业整体价值创造的贡献度和依赖程度，就决定了这类企业在高管薪酬结构中，短期激励（固定薪水/现金奖金/绩效奖金）与长期激励（股票/期权）在总薪酬中的相对比重。当企业的股价变化（估值变化）与当期盈余状况紧紧相连时，即追求眼下短期业绩的紧迫性越高，那么“绩效考核”的重要性越强，则现金奖金/固薪在总薪酬中的占比应当更重。所以，对于发展稳定的传统产业，诸如钢铁、食品、原材料，高管薪酬应当更多地倚重于现金奖金而非“股权/期权”一类的长期激励。

相反地，很多新兴科技、互联网、创新型企业在高增速或是准备IPO阶段，企业估值的提升主要得益于改变市场对它的“未来预期”，像美团、京东、Tesla这些企业，他们高管的现金奖金甚至固薪在总薪酬里的占比就不那么重要了，甚至可以完全忽略掉（拿0月薪）。对于这类企业来说，未来导向的“激励部分”对企业价值的影响更为紧要，因此“股权或期权”的授予也应当是这类高管薪酬设计中最主要的部分。一般而言，市盈率（P/E）越高的企业，越属于这一类型。

按照同样的逻辑，即便是传统产业的企业，在经历并购与重组的过程中，我们可以合理地推测，高管的股权激励将会扮演重要的角色。因为企业并购大多出于战略转型的目的，而并购的成败取决于未来组织的重大重组和战略的调整，被并购企业的商业模式、运营能否与母体成功地整合与融合，会最终影响市场对公司整体的预期。也因此基于未来预期的“激励”部分，可能又要扮演非常重要的角色，那么股权/期权就应当作为核心工具来使用。若并购的目的仅仅是维持现状，那也就无需多此一举了。

2017年宝钢股份（宝山钢铁股份有限公司）在吸收合并武钢有限（武汉钢铁股份有限公司）的同时，董事会通过的与并购相应的“第二轮管理层及核心员工股权激励方案”便是一个极佳的案例。同样地，2018年四源合基金（四源合股权投资管理有限公司）、宝武集团（中国宝武集团钢铁有限公司）进场重组、整合破产的重庆钢铁时，同时对管理层及核心员工设计及时的高强度的股权激励机制也是非常好的案例。

总结：绩效是回溯过往，激励是展望向前。绩效与激励的相对重要性应当与创造企业价值的主要动因紧密结合，也就决定了长短期薪酬的权重，这两部分的设计必须是保持平衡一致的。

若企业价值的创造最主要来源于已经实现的运营业绩，那么应当加大“现金奖金/固薪”在总薪酬中的占比；反过来，若企业价值的创造最主要得益于未来市场预期的改变，那么股权/期权激励（而非固薪或现金奖金）的比重就应该要放大。

第2章

现金奖金的设计与绩效考核

首先探讨高管薪酬的短期部分，即现金奖金设计。现金奖金主要反映了对管理层“已完成的业绩”的奖赏。现金奖金设计考虑的几个基本要素有以下几点。

（1）给多少？奖金的预期目标值应该是固薪的几倍？

（2）指标的选择，考核指标怎么选？和谁对标？

（3）指标数量的多寡？

给多少？设定现金奖金目标值的基本原则

所谓奖金的“预期目标值”（target）是指当管理层完成预先设定的业绩指标时，他所能拿到的奖金数额。而“预期现金奖金”一般是根据固薪的倍数，以及岗位级别和重要性来设定；计算方式如图2-1所示。

总体来说，总经理（chief executive officer，CEO）的奖金目标值的倍数在管理团队中较高，其他高管按职能、岗位不同依次下调。根据美国上市公司（S&P1500）的数据来看，以所有行业平均水平而言，CEO的现金奖金的“预期目标值”，大致在固定年薪的1～2倍，也就是12～24个月

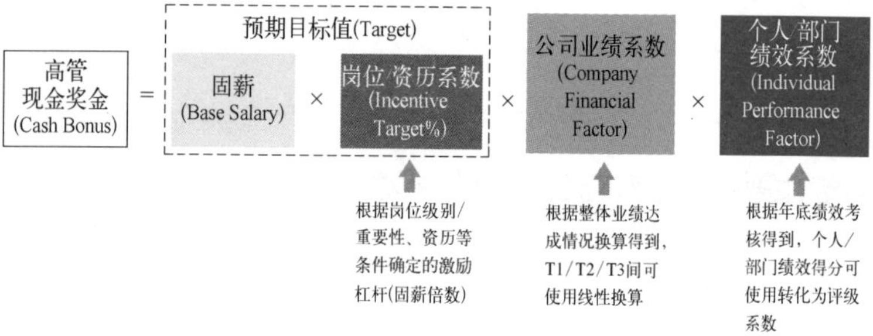

图2-1　高管现金奖金的计算方式

月薪的奖金，而其他高管大约为CEO的50% ~ 70%。2015年欧盟正式通过法案限制高管现金奖金不得超过固薪的两倍[1]。

设计现金奖金的预期目标值一般受影响的主要因素有三个方面。

（1）岗位特征。倘若岗位要求的知识/能力的“特殊性”越高，相应人才所需的能力和经验往往要经过长期培养和累积。这类人才从外部市场也不容易获得，一旦胜任的员工流失，对企业造成的伤害将会是巨大的。因此对于“特殊知识/能力型”的岗位，企业会特别强调长期聘用关系，希望这

[1] Banker Bonuses, By Ambereen Choudhury, Updated on March 27, 2019, 12 : 21 AM GMT+8 ; Bloomberg. https : //www.bloomberg.com/quicktake/banker-bonuses.

类员工的流动率相对较低，任职期限相对更长。从员工的角度来看，固薪作为基数也关系到福利和年金，因此固定薪酬越高，它对员工的价值越大；同时加薪、升迁甚至内部员工培训等方式，对于保持双方稳定而利于知识累积的长期关系都能起到很大的作用。

相反地，如果岗位对知识或能力的要求并不是非常特殊，譬如基础销售员、程序员、基本类的半导体工程师……这类人才相对容易“跳槽”，企业在市场上也很容易寻到类似能力的人才，那我们认为这类岗位变动薪酬的占比就应予以加大。简单来说，流动率越高的岗位，固薪部分占比应该较少，而绩效奖金的重要性越高。

（2）级别/资历的影响。一般来说，级别越高的员工，其变动薪酬的比例就越高。原因非常简单：高管对企业业绩（无论短期/长期）的影响都最为巨大，因此他们的薪酬就应当与企业的业绩息息相关！反之，较为基层的员工，对企业整体业绩的影响力有限，相对的他们固定薪酬的比重就应该较大。前面我们提到过美国上市公司（S&P1500）的平均值，核心高管的“目标现金奖金”大约为固定年薪的1～2倍。譬如CEO现金奖金目标值最高，为固薪的2倍（24个月月薪），那么CFO或COO很可能是2倍×80%=1.6

倍（约20个月），这80%我们称为岗位/资历系数，以此类推。

（3）行业及人才市场的特征。对于某些特定的行业，譬如高科技、互联网、电商等新兴行业，企业价值的创造主要来源于未来预期的改变。对于这类行业的高管薪酬，一般我们建议尽量控制短期现金奖金的预算，更多重心放在股权激励部分；甚至这类行业中还未上市的初创企业，现金奖金是可以忽略不计的。相反地，对于传统产业，运营周期相对较短或是企业以项目为主、结算清晰的行业，现金奖金的占比就相对重要！

由前文讨论可以知道，越是注重盈余增长的企业（估值主要来自已实现利润），其“目标现金奖金”的金额和比重都会相对较大。所以一般来说，金融业的现金奖金占比相对较高。在2008年金融危机前，一些机构如美国银行，贝尔斯登公司（Bear Stearns），他们的CFO的现金奖金甚至都可以达到固薪的10～40倍以上。实质上，如此设计势必激发管理层热衷对短期业绩的追求，所带来的风险也非常巨大。事实结果也印证了，Bear Stearns 在2009年的金融危机中是第一个倒下去的企业。采用同样高管强激励的美国银行也几乎在金融危机期间破产。足以可见强激励带来的风险隐患！

小案例：为何金融业、保险、投资行业特别注重现金奖金？

金融业一向以高现金奖金著称。金融业特征：① 金融业向来是以“交易”为导向的行业；② 交易金额往往非常巨大，不论是融资、投资、并购、上市发行等，平均每笔交易的额度往往要高于其他商业活动；③ 部分金融交易的收益常常仅是“纸面收益”，特别是投资、贷款、融资等类别的交易。可短期交易的收益浮动巨大，而长期收益不确定性可能甚高。金融业超强的现金奖金，刺激着管理层对交易完成的过度追求，甚至可能引发铤而走险的投机行为。因此，部分学者甚至认为2008年美国的金融危机主要是因为过高的高管激励与奖金所造成的过度投机行为。

例如，华盛顿互惠银行（Washington Mutual）（最终宣告破产）在金融危机之前，对信贷人员的佣金提成是根据按揭贷款的笔数和金额来决定，而不是根据贷款项目的“质量”来决定。更有趣的是，如果能够销售出更为有利可图的高风险“浮动利率”（而不是固定利率）的抵押贷款[1]，信贷人员往往会获

---

[1] 一般申请浮动利率的客户主要为了贪图短期较低的利息以缓解支付的压力。这意味着这些客户的资金压力往往会更大，财务状况更差。对银行而言，这些产品的短期“毛利”可能会更高。

取更高额的佣金。这种盲目追求短期利润的行为，在金融危机之前的美国金融界是普遍存在的。

我们来看具体数字，纽约州的审计长迪拿坡里（DiNapoli，2011）根据该州个人所得税申报、预扣及行业资料，分析证券业（NAICS 523）所有从业人员的平均年度“现金奖金”，得出从1985—2010年的趋势如图2-2所示[1]。

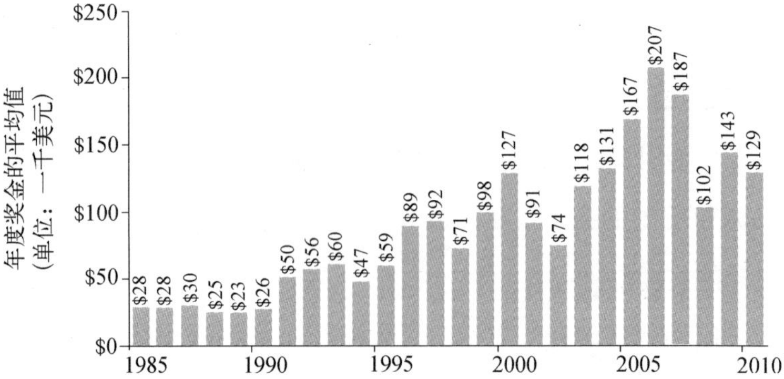

图2-2　1985—2010年华尔街平均现金奖金额（估算值）

资料来源：DiNapoli，2011。

[1] DiNapoli, Thomas P., 2011, Wall Street Bonuses Declined in 2010, Press release : Office of the New York State Comptroller. http : //osc.state.ny.us/press/releases/feb11/022311a.htm.

事实上，图2–2几乎掩盖了华尔街奖金分布的真实面貌。因为金融业薪酬分布有一大特征，往往在奖金池的分配中仅有相对少数的交易员和高管经常获得不成比例的巨大份额。即便如此，在金融危机之后的2010年，图2–2展现出的华尔街从业人员的平均现金奖金，也仅仅只降低至13万美元。

再看纽约州总检察长安德鲁·库默（Cuomo，2009）[1]的调查：根据那些在金融危机期间接受联邦政府 TARP 方案“拯救”的9大银行/金融机构的法庭传唤记录，这些金融机构在危机时刻支付给所有员工（不仅仅是高管）的现金奖金的总金额情况显示如表2–1所示。非常离谱的是，这些大量“失血”的银行，即便在金融危机爆发当下，现金奖金的发放还是大手大脚的，而且绝大部分是高管自肥的！这就是金融业的文化：“赢了钱我拿走，输了公司承担。”

---

❶ Cuomo, Andrew M., 2009, No Rhyme or Reason：The “Heads I Win, Tails You Lose” *Bank Bonus Culture*（July 30）.

表2-1　接受联邦政府TARP方案"拯救"的9大银行2008年现金奖金发放额

企业名单（Corporation）	2008年度损益（10亿）（Earnings/ *(Losses)*）	2008奖金池（10亿）（Bonus Pool）	员工人数（Number of Employees）	获得奖金额的员工人数（Number of Employees Receiving Bonuses Exceeding）		
				三百万以上（$3 mil）	两百万以上（$2 mil）	一百万以上（$1 mil）
Bank of America	$4.0	$3.3	243 000	28	65	172
Bank of NY Mellon	$1.4	$0.9	42 900	12	22	74
Citigroup	*($27.7)*	$5.3	322 800	124	176	738
Goldman Sachs	$2.3	$4.8	30 067	212	391	953
J P Morgan Chase	$5.6	$8.7	224 961	> 200		1 626
Merrill Lynch	*($27.6)*	$3.6	59 000	149		696
Morgan Stanley	$1.7	$4.5	46 964	101	189	428
State Street Corp	$1.8	$0.5	28 475	3	8	44
Wells Fargo & Co.	*($42.9)*	$1.0	281 000	7	22	62

资料来源：Cuomo，2009。

由此可见，华尔街过高的变动薪酬、过强的激励无疑是2008年金融危机的导火线。根据Kevin Murphy（2012）的研究[1]，从图2-3的数据对比我们不难发现：金融业，尤其是券商的极端奖金机制，实质上已远远超过其他行业的水平。重赏之下必有勇夫，但鲁莽行事、不顾后果的投资或运营模式必将给企业后续带来灾难性的风险！这是我们国内企业与监管机构必须关注，并且严肃思考的一个问题。

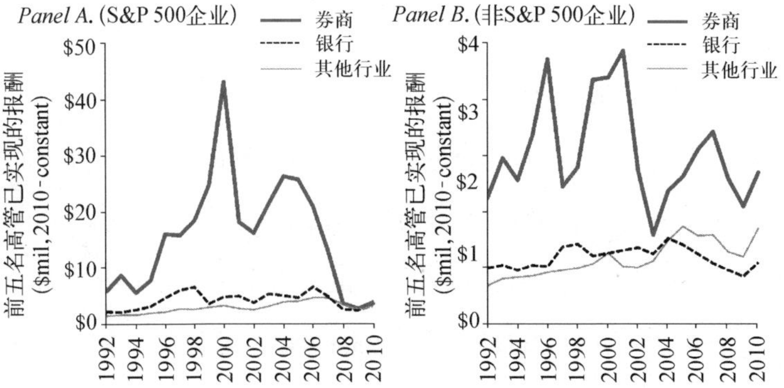

图2-3 金融证券业前5名高管平均已实现薪酬：1992—2010年

❶ Murphy, Kevin, "Pay, Politics and the Financial Crisis," 2012. Working paper, University of Southern California — Marshall School of Business.

总结：和固定薪酬相比，现金奖金占比较高的企业，其当期业绩的重要性和关注度越高，追求短期业绩的诱因越高。相应地，对当年业绩的舞弊造假的风险也可能会大大地提高。因此董事会的薪酬委员会在设立考核标准、激励力度、选择绩效指标时必须非常地谨慎小心。

现金奖金考核指标的选择

激励越强，考核指标的精确度必须越高，这是“代理理论”（Agency Theory）最基本的理念（informativeness principle）。所以，当现金奖金占比特别高时，指标选择的合理性、精确性和攸关度变得更为紧要，此时所选择的指标必须不易造假，同时更要确保指标与企业战略阶段性的推进目标能够紧密挂钩。

现金奖金指标的种类及特征：现金奖金对应的考核指标一般是以财务指标为主，一部分企业会同时使用非财务指标，如客户、质量、环保、工业安全等。根据 Equilar 2015 年的统计数据，美国上市企业（S&P1500）的CEO/CFO的考核最常用的单项指标：“营业收入”（revenue）、“净利或毛利”（margin）、“每股盈余”（earnings per share，EPS），或是“现

指标类别	具体指标
利润类(Earnings)	净利率(增长率)、EBITDA、每股盈余(EPS)……
非财务类(Non Financials)	战略指标、市场占有率
销售类(Sales/Growth)	营业收入(增长率)、销售额(增长率)……
资产使用类(Asset Utilization)	净资产收益率(ROE)、ROA、ROIA、EVA……
现金类(Cash Flow)	自由现金流、运营周期、存货周转率
成本类(Cost)	成本削减额
负债类(Debt)	

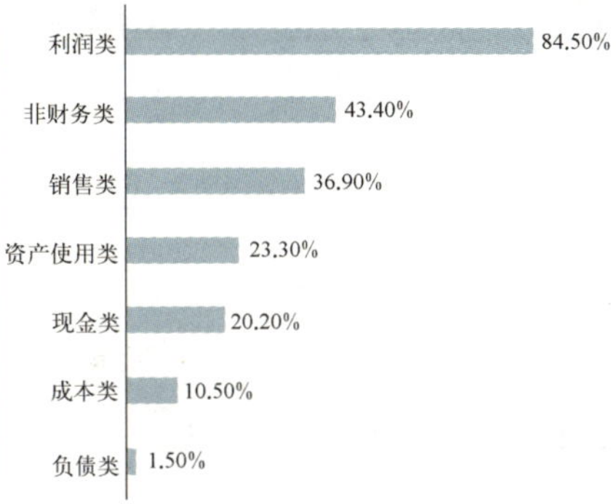

图2-4　现金奖金使用不同类别KPI的分布

金流”（cash flows）这几项[1]，如图2-4所示。

从图2-4中S&P1500的数据，高管现金奖金使用最多的指标类别是“利润相关指标”，这类指标主要包括净利率、毛利率、每股盈余（EPS）、税息折扣及摊销前利润（Earnings Before Interest, Taxes, Depreciation and Amortization, EBITDA）等利润指标，有超过80%的美国上市企业使用此类盈余指标作为高管绩效奖金的授予依据。第二类最常使用的指标是“非财务类指标”，一般涵盖：核心战略指标、市场占有率/市场排名、产品安全或质量、客户服务品质、环保或可持续发展等不同范畴，43%的企业在财务考核的同时使用“非财务类

❶ 资料来源：Equilar，“Executive Incentive Plans：How Leading Companies Pay for Performance”, 2015。

指标”，而这也是非常合理的搭配设计。另外两类指标也较为常见，“销售类指标”的使用率约占37%，而“资产使用类”，如净资产收益率（ROE）、资产收益率（ROA）、投资回报率（ROI）、经济增加值（EVA）约占23%；甚至企业还会使用“现金流相关”（20%）、“成本削减类”（11%）等指标作为阶段性战略发展的管理抓手。

指标必须与企业战略相匹配

最为紧要的是，指标的选择必须和企业长期战略与短期阶段目标相互匹配。举例来说，若某家企业计划在未来数年有重大资本投资，那么对于现金流的管控、资金使用效率的提升将会非常关键。此时，企业可以选用“自由现金流”（free cash flows），或是“运营周期”（cash to cash cycle）作为核心指标之一。同样的，若是企业正面临严峻的市场供需变化，那么成本管控类、效能类指标（人效比）等将成为指标选择的重点。

在2014—2015年中国钢铁行业面临严峻的挑战时，宝钢股份在总经理的年度考核指标中引入了两个主要的财务指标：第一项就是“成本削减”，要求成本连续三年从40亿元（人民币，下同）降至30亿元再至20亿元。与此同时宝钢股份也在投资湛江钢铁项目，需要大量资金注入并且维持优良的债评。

于是在2014年宝钢股份董事会的薪酬委员会，建议加入另一项重要的考核指标“运营周期”，来确保并改进现金的回笼速度。到2016年度宝钢股份的实际“运营周期”（也就是从采购的应付账款，到存货，再到销售的应收账款，到现金回笼）能够控制在29天。对于长运营周期的钢铁行业来说，29天已是相当难能可贵的。这是考核指标聚焦匹配战略，一个非常成功的例子[1]。

指标的数目不宜过多

根据我们的研究统计，美国上市企业（S&P1500）中，超过半数的企业会使用1～3个指标考核，超过2/3 的企业选择使用4个以内的指标。一般而言，核心高管的现金奖金的相关考核，指标不宜过多。主要原因在于，时间和资源的限制下管理层必须聚焦在少数的重要事项上，而过多的指标只能导致分心。从风险的角度来说，考核指标的数量越多，种类越杂，管理层可以从中作假的可能性也将越高。因此，我们建议对于核心高管而言，年度现金奖金的KPI最好限制在3～4 个主要指标，而指标尽可能选用可量化、更客观的“硬指标”，毕竟高管必须对企业整体价值的创造承担最终的责任（见图2-5）。

[1] 作者当时担任宝钢股份的薪酬委员会委员以及外部独立董事。

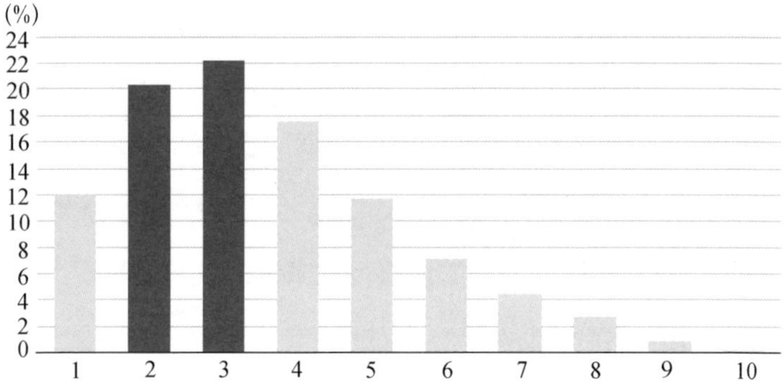

图 2-5　S&P1500 高管现金奖金使用不同类别 KPI 的分布

来源：根据 Equilar 数据库中美国上市公司 S&P1500 高管现金奖金方案信息整理而成。

指标权重的平衡

高管往往面对的是财务业绩、运营管理、战略重点事项等多重任务的年度绩效指标，权重过大的部分势必会赢得他们的重点关注。根据研究证明，员工会把精力放在精确、容易量化的指标上，同时也会权衡不同指标项得分的难易程度。这些都需要在设计指标权重时加以考虑，避免一些战略重点事项的权重占比过小、不可量化而被忽略。对各事业部门主管而言，考核他们的重点又不仅仅只在个人或单独的部门，更重要的是“跨部门间的战略协同”。

例如，某全球领先的 IOT（internet of things，物联网）智能物联企业，战略上着重于产业解决方案的智能系统、智能解决方案提供与服务。该企业是从工业嵌入式电脑起家，近年来通过不断地转型并购逐步演变成为IOT系统、平台智能服务解决的供应商。但不可否认的是，该企业的智能硬件设备包括工业嵌入式电脑依然是该领域全球主要的供应商（2018年在全球工业电脑业内市占率高达34%[1]）。显然企业领导层深切体会到未来IOT的定位必定是在“平台系统供应商”及智能解决方案、系统的提供者（见图2-6）。该企业的部分组织架构如图2-7所示。

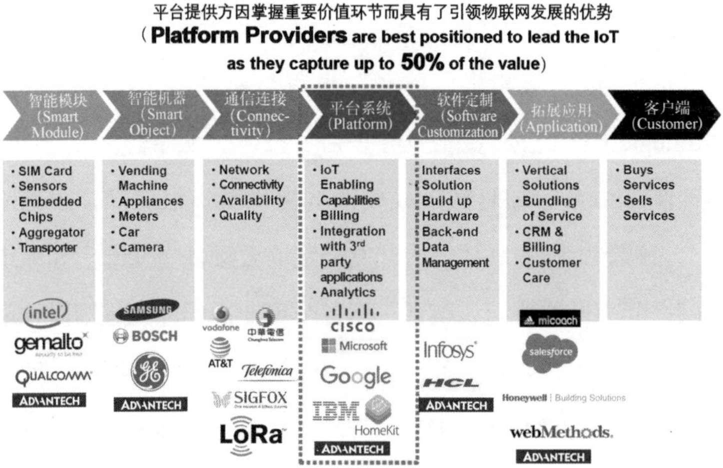

图2-6　物联网的价值链

来源：Mohit Aarawal. Head. Marketing Planning & Channel Marketing. Asia Pacific. Microsoft.

---

[1] 来源：https：//advcloudfiles.advantech.com/investor/Shareholder-Annual-Report/108/1.pdf.

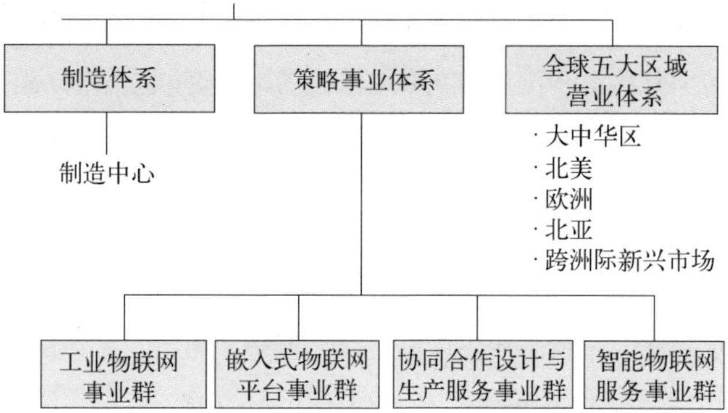

图 2-7　某全球领先的IOT企业的部分组织框架

很明显，“策略事业体系”也就是所谓的战略事业单位（Strategic BUs），是智能服务平台、技术、服务体系的推手，而“制造体系”却是嵌入式硬件的提供者。很显然，服务平台、云端等智能物联系统的开发必定需要硬件事业部门和系统部门之间高度的协同、整合。而各个事业部门却又是同时开放在市场竞争中，必须对各自业绩目标负责。这种情况下如何促使跨事业部门之间高度的“协作”，来做大企业的竞争优势、快速布局智能服务系统的开发？又如何防止部门本位主义，盲目追逐事业部门自身的利润最大化，而阻碍到企业整体智能服务平台战略的拓展？显然BU考核指标的设计、指标权重的平衡，将对这一系列战略和目标的达成至关重要。

进一步来说，当跨部门协作对企业“整体战略”的推进非常重要，或是企业部门间的协作是主要的核心竞争力时，我们建议部门主管的考核指标必须包括“共背指标”这一大类。而“共背指标”的权重%，一般与跨部门协作事项的重要性成正比，也就是当“部门间协作”对整体战略价值创造极其重要时，共背指标的权重占比%就应更大。如图2-8所示，CTO 的业绩指标中“公司财务共背”指标占CTO考核50% 的权重，而个别部门的业绩（包括战略和运营指标）则另占 50%。

以上设计，共背指标的权重和个人/部门指标的权重是属于100%以内的简单“线性相加”，可当跨部门协同对企业长远的生存或是战略布局极为重要时，共背指标与个人/部门指标的权重设计甚至可改变成“非线性的乘数”权重，即：

共背指标%×个人/部门指标%

这种“乘数”设计“放大”了指标间的相互依赖度，如部门/个人业绩达到 120% 优异的结果，但是共背指标仅仅达到70%，那么该部门主管的整体业绩将会是：70%×120%=84%。相反地，如果“共背业绩”超标为110%，个人业绩也超标到120%，那么整体业绩将会被放大成为

**公司2016年度绩效合约									
发约人岗位：		发约人：							
受约人岗位：CTO		受约人：							
责任期限：2016年		签署日期：							
类别	关键绩效指标	权重	指标定义/计算公式	目标等级			评分方法	实际结果	实际得分
				T1警戒值	T2目标值	T3挑战值			
财务共背指标	销售收入达成率	20%	2016年实际销售收入/2016年目标销售收入	90%	100%	110%	财务数据		
	净利润达成率	30%	2016年实际净利润/2016年目标净利润	90%	100%	110%	财务数据		
		50%							
战略重点类	打造及优化研发平台计划完成率	5%	按期完成		100%				
	关键新产品计划的达成率	15%	五大新产品按期完成		100%				
	提高**产品毛利率	15%	实际完成毛利率值	4.5%	5%	6%	财务数据		
		35%							
运营管理类	通过建立运营信息系统计划的达成率	5%	实际完成项目节点/计划完成项目节点		100%				
	按标交付比	5%		80%	85%	90%			
	质量改善项目计划的达成率	5%		85%	90%	100%			
		15%							
合计		100%							

公司指标（财务共背指标）

部门/个人指标（战略重点类、运营管理类）

图2-8　绩效指标项的权重设定示例

110%×120%=132%，远远高于传统线性50% ：50% 权重=110%×0.5+120%×0.5=115%。

考评对标的标准

指标的“目标值”或者是“预算值”的设定一般有两种方法。

（1）绝对指标：每年度末，董事会和管理层会根据公司历年的业绩数据，综合考虑未来市场的趋势，来设定公司下一年度的目标和预算，如销售额、利润增长率等，通常这个数字是固定的，可以说是基于过往表现而设定“超越自我”的目标。而在企业实际操作中，管理层往往为了冲业绩、满足投资者预期，每年不断调高公司整体业绩目标，而部门主管为了防止指标每年不断滚动蹿升，因此在上报预算和业绩完成情况时，往往故意把数字压低，如此形成上下博弈的恶性循环，甚至拖延瞒报“藏业绩”的现象在企业内屡见不鲜。

（2）相对指标：为了避免绝对指标设置时，可能受到市场波动等诸多外界因素带来的不准确和不合理，我们往往会选择“跑赢同行”“跑赢市场”的相对考核方式。首先，我们可以选择一些同行比较类的指标项，如行业排名、市场占有率等，这些指标本身就体现市场水平的属性。第二种方法是将企业选定的核心指标和同行业进行对标，如设定企业的销售增长率/资产投资回报率需要高于本年度行业平均水平，或是新增研发专利项需在行业排名前五等，也就是年初明确对标项目、对标组范围和对标水准线，到年末再根据企业自身完成情况和对标市场水平来比较核定。特别在某些特定行业中，企业业绩受到外部市场或整体经济环境因素影响较大时，相对指标可以更清晰地区分最终的业绩到底是靠管理层的努力，还是市场的水涨船高。这种业绩对标目前在北美和国内很多卓越企业中推行，也是非常合理有效的设计。

展开细究，关于对标组的选择，我们既可以选取“大样本”——行业整体水平，也可以选择更为精准的“小样本”——少数几家对标企业，缩小范围到同等规模或是细分领域内皆可。而对标水平的设定可以只是超过行业平均水平，更高可以要求达到行业P75水准，甚至要求行业排名第一。进一步来说，企业在选择对标组时，首先考虑自身的战略方向，不能光想世界领先却只对标国内。对标行业也无须局限在狭义的同行业范畴，既可以横向对比相关产业，也可以纵向对比价值链的上下游，或与相同人才市场中的企业比较，甚至是跨行业的对标。例如，家电业对标房地产、化妆品对标其他消费品/

CPI指数，甚至对标一些商业模式/企业核心能力相似的优秀企业。

小案例：纽柯钢铁（Nucor）的相对排名

观察美国的纽柯钢铁是如何设计对标组和相对排名的（见图2-9和图2-10）。

2016年启用实施的绩效考核对标组，包含以下两组公司：

（The Performance comparator groups for performance periods that began in 2016 are comprised of the following companies:）

对标组别（Comparator Group）	选择标准（Criteria）	对标公司（Who They Are）	
钢铁企业	> 不少于5家钢铁行业竞争对手 > 产品类似的钢铁企业	• AK Steel Holding Corporation • Commercial Metals Company • Steel Dynamics, Inc. • United States Steel Corporation • Worthington Industries, Inc.	
一般重工业企业	> 不少于10家资本密集型工业企业 > 长期来声誉和业绩良好的资本密集型工业企业	• 3M Company • Caterpillar Inc. • Cummins Inc. • The Dow Chemical Company • General Dynamics Corporation	• Illinois Tool Works Inc. • Johnson Controls, Inc. • Parker-Hannifin Corporation • PPG Industries, Inc. • United Technologies Corporation

图2-9　2016年度对标企业清单：5家钢铁+10家重工业企业

钢铁企业对标组（Steel Comparator Group（1））		一般重工业企业对标组（General Industry Comparator Group（1））	
排名名次（Rank）	奖金发放 %（Award as a % of Target）	排名名次（Rank）	奖金发放 %（Award as a % of Target）
1	100%	1 or 2	100%
2	80%	3 or 4	80%
3	60%	5 or 6	60%
4	40%	7 or 8	40%
5	20%	9	20%
6	0%	10 or 11	0%

图2-10　给付的标准：50%和钢铁行业的资产投资回报率（ROAIC）对标+50%和一般重工业的ROAIC对标

来源：纽柯钢铁2016年度年报。

如图2-10所述，纽柯钢铁2016年度针对高管现金奖金的考核主要选取了美国5家主要核心钢铁+10家重工业企业为其业绩参照对象；而高管的现金奖金的最高值设定为固定薪酬的200%，其中依据“钢铁行业排名情况”占100%，另外的100%是由“与10家重工业企业的相对业绩排名结果”来决定。假设纽柯钢铁的资产投资回报率（ROAIC）和5家钢铁同行业对标排名结果为第二，同时和10家重工业企业ROAIC对标排名为第五名时，结果将是：80%+60%=140%，也就是最终高管获得的现金奖金将会是固薪的1.4倍。这是非常典型的使用不同的对标组和相应合适的指标项来综合进行排比的考核。

而对于那些已经在行业内领先的企业，考虑到未来更广阔的战略布局，还会在跨行业中选取一些拓展领域的卓越企业。如企业原来是做家电的，而未来打算做智能家居，那企业的竞争对手就不仅仅是海尔和美的，而应该是亚马逊和谷歌。换句话说，哪些是你战略目标上未来要追赶要竞争的企业，哪些就可以是你的标杆。

另外还有一种简便有效的方法，来解决KPI（key performance indicator，关键业绩指标）设定的不合理和随意性，就是以同行对标组“包括本年度在内的过去3年核心指标的平均值”作为企业当年的预算目标值（不论是销售增长率、利润增长率，还是资产投资回报率）。然后每经过一年，就把最前面一年的旧数据去掉，重新加上新一年的数字，去计算新的目标平均值。如此一来，每年设定的年度目标都会是滚动3年的、与同行对标的合理目标，而不再是管理层拍脑袋想出来的数字。每年我们和同行竞争对手过去3年平均的核心KPI作比较，这样自然就能确保企业维持住在行业中的相对竞争力。以下我们以一个简单的案例来说明此类的设计。

小案例：Analog Devices 高管年度现金奖金的设计

企业背景：ADI公司（Analog Devices, Inc., 纳斯达克股票代码：ADI）是设计、制造和营销高性能类比、混合和数位信号处理（digital signal processor，DSP）集成电路（integrated circuit，IC）的全球领导者。ADI的电子设备产品覆盖国防、消费及商用领域。

2016年度高管绩效考核方案中，ADI董事会设定了13家对标企业如图2-11所示。

2016 Peer Group	
Altera Corp.	Microchip Technology Inc.
Avago Technologies Ltd.	Nvidia Corp.
Broadcom Corp.	Qorvo, Inc.
Freescale Semiconductor, Inc.	Skyworks Solutions Inc.
Linear Technology Corp.	Texas Instruments Inc.
Marvell Technology Group Ltd.	Xilinx, Inc.
Maxim Integrated Products, Inc.	

图2-11　2016年高管绩效考核：13家对标企业

2016年核心高管的固定薪酬（由薪酬委员会设定，单位：美元）如图2-12所示。

ADI董事会的薪酬委员会设定，2016年CEO的薪酬结构中固薪、绩效奖金、期股权比例为：1 ∶ 1.5 ∶ 6.5，也就是当预期业绩达标时，现金奖金大约是固薪的150%（18个月月薪），而股

高管名单	2016年基本薪酬	2015年基本薪酬
David A. Zinsner, Senior Vice President, Finance and Chief Financial Officer	$535,000	$515,000
Rick D. Hess, Executive Vice President	$625,000	$500,000
Richard A. Meaney, Former Senior Vice President	$465,000	$450,000
Peter Real, Senior Vice President and Chief Technology Officer	$400,000	$350,000

图2–12　2016年核心高管的固定薪酬（单位：美元）

来源：Analog Devices公司2016年度年报。

权激励甚至是固薪的650%！显而易见，ADI对高管激励最主要的工具是期股权。固定薪酬仅仅占到总薪酬包的11%，现金奖金占比约17%，主要是由当年度个人及公司业绩来决定，最终重头的72%还在于与公司未来成就挂钩的长期股权激励部分。

两大核心指标：税前营业利润率 + 收入增长率；同行对标

收入增长率（revenue growth %）必须高于同行业平均（3年历史滚动数据）

税前营业利润率（OPBT margin %）为30%（最低21%，低

于20%无任何奖金）

销售增长：8%（最低6%）

个人现金奖金=基本固薪 × 个人目标系数%× 公司业绩系数%

ADI 现金奖金设计的另一个特色在于按季度考评。因此业绩样本的选取点共有四个不同时点（按季度：Q1，Q2，Q3，Q4）。此设计的优点在于鼓励公司各个季度都能够均衡发展。ADI 2016年的实际业绩如表2-2所示。

表2-2　ADI 2016年的实际业绩与奖金兑付

	税前营业利润率（占50%权重）（OPBT Margin（50% weight））		收入增长率（占50%权重）（Revenue Growth（50% weight））		季度奖金支付系数（平均数）（Quarterly Bonus Payout Factor（average））
	税前营业利润率（每季度）（OPBT Margin（by Quarter））	奖金支付系数（每季度）（Bonus Payout Factor（by quarter））	同比收入增长率（每季度）（YOY Revenue Growth（by quarter））	奖金支付系数（每季度）（Bonus Payout Factor（by quarter））	
Q1	27.8%	0.78	（0.3）%	0.00	0.39
Q2	30.8%	1.16	（5.1）%	0.00	0.58
Q3	34.1%	1.82	0.7%	0.09	0.96
Q4	38.1%	2.62	2.5%	0.31	1.47

来源：Analog Devices公司2016年度年报。

譬如，一季度毛利为27.8%，行业对标目标值为30%；低于20%则奖金归零（底线）。因此一季度毛利完成业绩核算为78%，即：

$$100\%+[(27.8\%-30\%)\times(30-20)]=78\%$$

年度“公司业绩系数”将会是4个季度的业绩平均值：

$$公司整体业绩系数\frac{0.39+0.58+0.94+1.47}{4}=0.85=85\%$$

各个高管最终年度现金奖金系数计算式为

公司整体业绩系数（85%）× 个人业绩考评系数 ×
相对应的个人级别系数=个人年度奖金系数

年终现金奖金=基本固薪 × 个人年度奖金系数

总结：核心高管的现金奖金应该适当地反映个人在当年的业绩/表现、资历/级别、岗位的特征以及市场价值。更重要的是，当个人/部门的业绩某种程度上受制于其他部门的业绩表现时，或是跨事业部门的协同对个别事业以及公司整体业绩的影响巨大时，绩效考核设计需要特别聚焦于如何促进跨部门间的协同效益。可以说此时“共背指标”的设计非常关键，当跨部门间的协同对企业成败是至关紧要时应当考虑以“乘数”（而不是简单的权重%相加）来关联共背和个人业绩指标（请参考“指标权重的平衡”一节）。

第3章

股权激励的设计：长期激励与绩效考核

如同我们在第1章的论述，高管的首要任务是创造股东价值，而所谓的股东价值创造实际上主要是由“已实现利润”+资本市场对企业未来“预期的改变”两大元素所组成的。前者和“已实现的业绩”相关，是“认可过去”“绩效”的概念；而后者却和改变未来市场预期挂钩，属于“展望未来”的“激励”的范畴。进一步来说，创造企业价值的驱动因素决定了高管薪酬结构的设计：现金奖金和固薪应当与管理层“已实现的业绩”挂钩；而股权激励的目的更多的是改变未来，也就是应当与市场对“企业未来预期的改变”相关。因此，这两种企业价值创造的主要来源决定了现金奖金/固薪与股票/期权激励在总薪酬中的占比关系。倘若企业主要依靠改变市场预期来创造价值，那么期股权激励在这类企业的高管薪酬结构中应当占有非常重要的角色。那我们具体应当如何设计高管的股权激励呢?

高管股权激励设计的基本理念如图3-1所示。

在设计高管股权激励时，需要关注、思考四个核心问题：

（1）如何平衡管理层和股东利益的一致性和最大化。

（2）如何激励、确保管理层作出长期决策，并在激励认

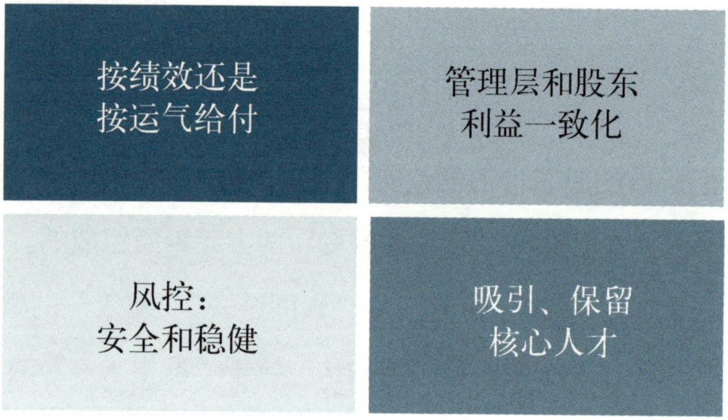

图3-1 高管股权激励设计的基本理念

可中合理地区分运气和绩效（能力/努力）。

（3）如何吸引、留住核心的人才。

（4）在加强激励的同时，如何确保高管能够平衡“雄心远见”和“风控稳健”。

这四个要点是设计高管股权激励时，需要牢牢记住和认真思考的。

在决定要开启股权激励计划之前，首先要想清楚三个关键问题：

（1）激励目的：吸引人才？保留人才？还是激励团队？一次性或持续性？

（2）激励工具：选限制股还是期权？实股或虚股？

（3）激励对象：给哪些人合适？这些人有那么重要吗？现在重要还是一直重要？

激励目的——为什么给？

股权激励是长期激励的一部分，是前瞻而引领管理层聚焦企业中长期的战略目标的一种激励模式。因此股权激励设计的首要任务是想清楚激励的目的为何？到底是吸引人才重要？还是激励团队，确保股东和管理层利益一致？还是要留住具有才华、有能力的人才？到底是认可过去的成就？还是激发未来的潜力？是经历战略转型？还是稳定持续发展？

对某些民营企业来说，甚至还会考虑到另一类的平衡需求，是投资激励疲乏的“老臣”，还是“吸引”更优秀的团队来储备未来人才。不合理股权分配反而带来负激励甚至导致重要人才流失。这些都是机制设计时必须考量的问题（见图3-2）。

同时，我们需要清晰地认识到，股权激励需要管理基础的整体配合才能发挥效用。股权激励作为一种管理手段，不是解决所有管理问题和内部矛盾的“万灵药”。清晰的企业战略、不同“激励目的”采用不同“方案设计”

激励目的	激励对象范围	股权数量	常用企业
激励归属感和主人翁意识	激励对象较广“员工持股计划”	额度小	外资公司、发展到一定规模的民企
吸引、保留核心高管，关键人才	激励对象较少高层，中层核心	额度较大	民营企业
激发企业快速成长，达成战略转型，发展目标	创业团队,及核心高管	额度较大	创业公司、高科技互联网行业，战略转型
管理层和股东同进退、绑定，激发长期业绩目标	激励对象少核心高管	额度受控	常见于国企

图3–2　不同“激励目的”的不同“方案设计”

符合当下战略的组织架构、完善的岗位职级体系、绩效薪酬体系，以及精细化的财务系统、内部流程、企业内部管理和风控体系的配合，都会最终影响企业发展和业绩，也在很大程度上决定了股权激励的效用。股权激励计划的设计，执行前也应先进行内部的战略梳理/战略宣导（内部达到一致性和凝聚力）及相对应组织架构的配置/分配（对应的权、责、利），才能提升股权激励的吸引力和效用。

股权激励的形式与工具

股权激励的形式与工具一般有以下几种（见图3–3），下面我们来详细解释。

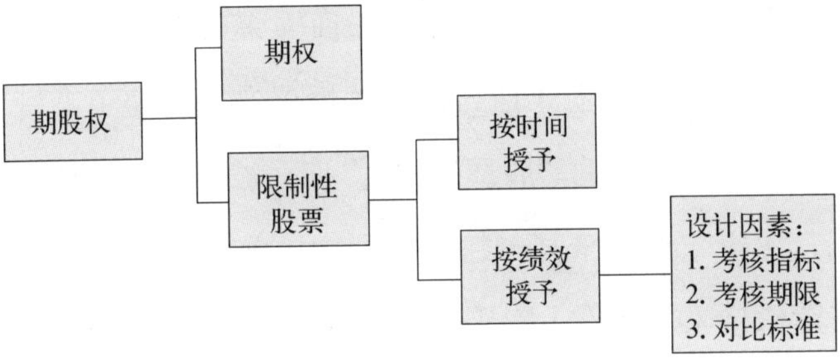

图3–3 股权激励的形式与工具

限制性股票（restricted stock），是指上市公司按股权激励计划，授予员工一定数量本公司的流通股票，同时约定了限制条件。激励对象只有满足特定的工作年限，或是业绩目标符合股权激励的解锁条件，才能真正获得股票并通过出售股票获得收益。按证监法（《证券监管法》），限制股授予员工折价不得低于市价的50%。

举例来说，假设授予时股价为¥23/股，因此授予价格最低为¥23×50%=¥11.5（当然合法的折价为0%～50%。香港、北美上市公司可选择100%折价，也就是白白赠予），也就是管理团队必须付出现金¥11.5/股来认购该股票。假设等待期满（12个月后）解锁后，公司股价变成¥34/股，那么限制性股票的持有者变现后可享受股票的增值部分：¥34 －¥11.5= +¥22.5。当然倘若股价下跌到¥10/股，那么持有者的损失：¥10－¥11.5= －¥1.5。

期权（option），顾名思义是一种未来可期的“选择权”。上市公司按股权激励计划约定条件授予激励对象（高管、核心员工）一定数量的“股票期权”，那么被授予这种选择权的员工，可以“在未来某一特定时间内（解锁后、有效期内），以特定价格（行权价）购买一定数量该公司的流通股票”，员工可以选择买（行权）或不买（放弃行权）。而期权的承诺方（董事会）按证监法负有该期权合约履行规定的义务。

例如，授予期权时公司股价为¥23/股，行权价也设定为¥23/股（证监会规定行权价应为：授予日收盘价或过去30日均价，孰高）。此时公司是“赠予”管理团队期权，管理层不需要支付任何现金认购。假设等待期满（12个月后）解锁后，公司股价变成¥34/股，那么持有者再行权认购，则每股利得：¥34－¥23=¥11。相反地，假设解锁时股价下跌到¥10/股，则持有者基本上会选择放弃行权（在有效期限内）。因为实现期权给你“权利”是可以每股¥23价格认购公司股票，除非你是傻子，否则你完全会到股市以更低的¥10/股公开购买。此时你若行权认购马上就得认损¥10－¥23=－¥13，所以期权行权时的“价值”：*Max*{0,（股价–行权价）}。简而言之，期权不同于股权，期权真正意义仅仅在于让它的持有者享有该股票的“增值权”，但更重要的是期权跌损的下限是零。

虚拟股权（phantom shares, performance units ...），指的是赋予激励对象能按照未来的“个人+公司业绩”获取一定数量的分红权来分享公司的部分收益，或公司以等值的现金形式支付。虚拟股不是真正意义上的股权，不具有“实股”所含的所有权、表决权、处置权，只能享受一定规则下的分红权和增值权。由于虚拟股的授予，并不会影响公司原有的股权结构，也不需要进行工商登记手续，操作起来相对灵活简便，也是企业经常采用的一种股权激励方式。

虚拟股可适用于上市或是非上市公司。若是上市公司，一般虚拟股的股价设计是直接和资本市场的股价挂钩的，并且虚拟股价和市值是线性相关。譬如授予时股价为每股¥15，此时对应的虚拟股可以设定为原始价格每股¥1。当股价上涨到每股¥25时，对应虚拟股的价格变成：$\frac{25}{15} \times 1 = 1.67$，也就是每股价值为¥1.67。我们将在“时间安排——如何给？”一节详细展开介绍讨论虚拟股。

期权和限制股的使用趋势：美国高管激励工具的消长

从图3–4可以清晰地看到，在CEO薪酬结构中，期权与限制股占比的变化：从20世纪90年代开始，期权（option）的占比在2001年左右达到最高峰，而限制股（stock）的使用大约在2004年开始快速上升，到2006年限制股的占比首次超

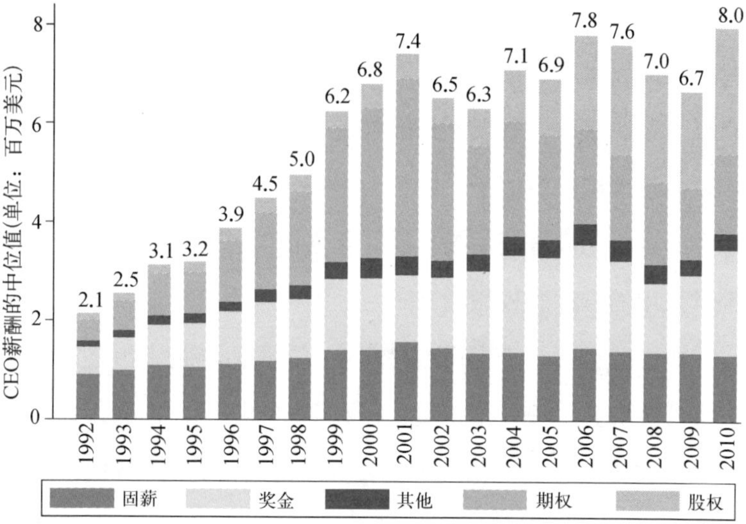

图3–4　美国上市公司CEO薪酬结构中，期权与限制股使用的趋势

资料来源："Growth through Rigidity: An Explanation for the Rise in CEO Pay," Kelly Shue & Richard Townsend, University of Chicago Booth School of Business & Dartmouth College Tuck School of Business, February 5, 2015.

过了期权，之后始终是CEO薪酬中比重最高的部分。这直接反映出期权与限制股作为股权激励工具的使用趋势，而前后明显变化的主要原因在于美国的会计准则委员会针对美国公认会计准则（Generally Accepted Accounting Principles, GAAP），于2006年公布出台了“FAS 123号”准则——要求美国企业必须在其损益表中明确将授予员工或高管的期权作为“员工薪酬、工资或其他费用”归入企业的损益表内出账。而在此之前，这些期权相关的成本无须列入损益表，上市公司仅仅需要在财务报表附注部分披露就足够了。因此在FAS 123号出台之前，期权作为“无本而万利”的激励工具，不会影响到公司账面的利润，而使用限制股却是必须要费用化的，所以企业一般都会使用期权而非限制股来激励员工。也可以说，很大程度上是因为2006年美国会计准则的改变，要求对期权的正式费用化，带动了限制股流行的风潮。

除去激励效果和针对不同企业类型和发展阶段的适用性外，股权激励的成本与费用化的问题也是企业选择股权激励工具时非常重要的考虑点，我们将在后文详述。

激励工具的选择：限制股还是期权？

在对比选择股票和期权之前，我们必须了解限制股和期权的估值（价值/成本）有何不同之处。期权代表未来可以选择以现在“约定的股价”（行权价）购买公司的股权，不论未来公司的股价是变高还是低，激励对象享有的是未来可能的“增值权”，如果未来股价高于行权价，则行权变现后可享受价格溢价的部分，而股价低于行权价，则激励对象会理性选择放弃行权，期权的收益也就归零。因此它和限制股拥有出售时“完整的股票价值”不同。那所谓的“增值权”如何来估价呢？一般我们会使用B–S模型对期权进行估值定价（见图3–5）。

The Black-Scholes Model: European Options

$$C = SN(d_1) - Ke^{-r(t/365)}N(d_2)$$

$$d_1 = \frac{\ln(S/K) + (r/365 + \sigma^2/2)t}{\sigma\sqrt{t}}$$

$$d_2 = \frac{\ln(S/K) + (r/365 - \sigma^2/2)t}{\sigma\sqrt{t}}$$

$$d_2 = d_1 - \sigma\sqrt{t}$$

图3–5　B–S模型对期权的估值定价

注：其中C是期权的成本，S是当前的股价，K是行权价，N是正态分布的累积概率函数，r是无风险利率，σ是公司股价平均日波幅的大小（%），t是到期日（天）。

我们可以使用在线公开的B–S模型小程序简单估算期权价值，以国内上市企业美的集团来举例测算说明：2019年1月29日美的集团（SZ.000333）的股价为¥43/股，根据当日股价设定的行权价¥43，按国内通行做法假定其他各项条件如表3–1所示。

表3–1　美的集团的各项条件估值

目前股价	¥43.0
行权价	¥43.0
无风险利率	3.0%
预期到期年限（年）	3.0
历史股价波幅	25.0%
预期股息配息率	1%
期权计价（估值）	**¥ 8.22**

以B–S模型估算，此时美的集团的期权价值大约是¥8.22，而通常来说1股期权的成本（估值）大约是该企业股价的1/5（约20%）。据此经验值可知，企业在承担相同的股权激励成本之下，可以选择授予高管1股限制股（假设100%折价）或是5股期权，或是2.5股期权（假设50%折价），企业的总成本都是¥43。以美的集团有限股份公司为例，假设授予核心员工的是限制股，并且折价设定为50%，公司决定以成本¥43的

期/股权的赠予员工50%折价购买，可以购买2股限制股。员工潜在的回报当然取决于未来股价变化的预期（见表3–2和图3–6）。

表3–2　授予员工期权或限制股的预期收益模拟

企业成本（当前股价）	¥43	¥43	¥43
	授予期权	授予限制股 50% 折价	授予限制股 100% 折价
可获取股数	5	2	1
员工每一股成本	0	21.5	0
未来股价	员工预期利得	员工预期利得	员工预期利得
18	0	−7	18
20	0	−3	20
22	0	1	22
24	0	5	24
26	0	9	26
28	0	13	28
30	0	17	30
32	0	21	32
34	0	25	34
36	0	29	36
38	0	33	38
40	0	37	40
42	0	41	42

（续表）

未来股价	员工预期利得	员工预期利得	员工预期利得
44	5	45	44
46	15	49	46
48	25	53	48
50	35	57	50
52	45	61	52
54	55	65	54
56	65	69	56
58	75	73	58
60	85	77	60
62	95	81	62
64	105	85	64
66	115	89	66
68	125	93	68
70	135	97	70
72	145	101	72
74	155	105	74
76	165	109	76
78	175	113	78

很明显，当股价涨到¥57/股之后，期权的收益将会远远高于限制股。从员工的角度来考虑，如果被授予同等价值的限制股或期权，到底应该选择哪一种呢？如何选择，其实就取决于员工对企业的未来到底是看涨还是看跌？

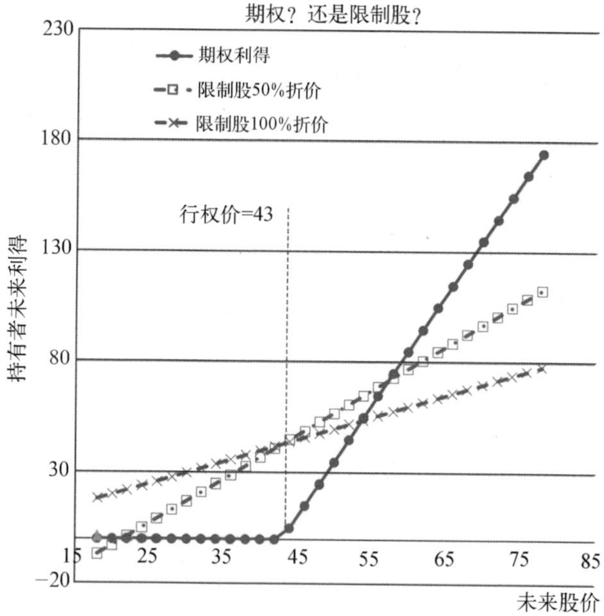

图3-6 不同股权激励方式下员工收益的对比图

从图3-6的简单分析我们可以清晰地看到，-•-和-×-的虚线为限制股在不同股价下的收益，而-□-折线代表期权在不同股价下的收益。假如美的未来的股价高于¥54/股（授予时股价¥43/股），相较于50%折扣的限制股（证监会要求的最低折扣），同等价值的期权所带来的收益将会高于限制股。即便限制股是按100%折价赠予员工，当股价超过¥57/股的临界点后，期权的回报收益也将会高于同等价值的限制股。

因此，如果员工预期的未来公司股价至少还有¥11看涨的空间（目前市价¥43/股），那么对该员工来说选择期权应当是优于限制股。反过来从选择背后的动机来分析，企业在相同的激励成本之下（股权、期权须费用化），若员工拥有激励工具的选择权，此时员工主动选择“限制股”而非“期权”的话，那么我们大概可以猜到该员工十有八九是“不看好”（看跌）企业未来的市值。这类“让员工有选择权”的设计，实质上就是让人们以“实际的选择/行动”来反映他们“内心真正的想法或看法”。

那么从企业的角度来看，应当选择限制股还是期权来激励管理层呢？考虑到这两种工具的激励强度和风险特征，我们建议企业在初创或快速增长的时期，授予期权较为合适。初创时期是企业筛选人才最主要的阶段，因此员工的风险偏好必须和企业拓展的特征相匹配。要求“高固薪、高奖金、股权也不能少”的员工绝对不可能是适合初创期人才的特征。硅谷创业企业薪酬结构的一大特征就是“低固薪、没奖金、较高的期股权”。创业企业的固薪仅仅能够养家，其余多依赖于未来股权/期权的兑现。选择加入这类企业的员工，他们的风险偏好必定是与企业一致的，同时他们愿意放弃安稳的工作而“选择”加入创业团队，那他们必定是对项目抱有热情，创业的愿景吸引着他们宁可放弃其他的机会，由此可见期/股权的设计在很大程度上可以用来筛选人才。

当企业运营趋于平稳发展期，选择限制股则更为恰当。根据北美企业的统计数据，成熟型的企业使用限制股的占比越来越多。此时限制股的使用基本上是用来激励员工，而股权授予的同时也是将员工的长期利益和股东的利益捆绑在一起。按此逻辑，当企业面临重大转型、并购，或战略更替时，激励杠杆较大的期权往往更适合这种不确定的变革期。以美国上市公司的惯例，股权激励往往会采用期权与限制股同时发放，并且是作为高管薪酬中每年发放的常态化操作。我们建议企业可以根据自身当下所处的发展阶段、针对不同的激励目的和激励对象来灵活地选择激励工具（见表3–3）。

表3–3　不同激励工具的特点

	期　权	限制性股票
定　义	向员工授予的可以在一定时期内按照约定的价格（即行权价）购买一定数量公司股票的权利	向员工授予一定数量公司股票，这些股票通常在持有或者转让方面受到一定限制（如为公司服务满5年）；或是在某些普通股东权利方面受到一定限制（如投票权）
对原有股东权益的影响	员工行权时，如果通过公司增发股票实现，原有的股东权益将被稀释	如果受限股票的来源是股票，股东权益将被稀释

（续表）

	期　　权	限制性股票
员工享有的权利	等候期内享有增值权 行权后享有分红权、增值权和投票权	取决于限制条件，限制期内享有分红权、和/或增值权、和/或投票权；限制期结束后享有分红权、增值权和投票权
员工承担的风险	员工不承担股价下跌造成的风险，但可享受增值的利益；员工的收益随着股票价格的波动而变化，存在不确定性	如果员工不用出资，则不承担股价下跌造成的风险 如果员工需要出资，则要承担股价跌破购入价格的风险 员工的收益随着股票价格的波动而变化，存在不确定性
员工的现金流	行权时，需要支付行权价购进股票，但一般可以融资操作	通常员工不需要支付任何费用，因此没有现金流出 但是有些公司也要求员工按照约定的折扣价格购进股票
公司的现金流	行权时，员工以行权价购进股票，公司获得现金流入	如果员工需要出资，员工购进股票的付款将为公司带来现金流入
权利的终止或丧失	常当员工离开公司时，如果持有的期权处于行权期，员工必须在一定期限内（如3个月以内）行权，否则过期作废；如果持有的期权处于等候期，则期权自动作废	如员工在限制期内离职，他们的受限股票将被没收
股票来源	通过公司增发股票或从市场回购股票	通过公司增发股票或从市场回购股票
收益的发放形式	股票	按当时股票的市价以现金或股票分发

上市前？上市后？实股还是虚股？

一般企业在未上市之前，除了几位少数的原始创始人外，笔者有三点建议。

（1）不要使用真正的“实股”来激励团队，在股改之前，所有股权激励建议以“持股平台”架构持有。

（2）实质上未上市前的股权与期权，从估值的角度而言，由于期权估值的变化大（波幅大，价值变化的离差大），所以和股权的价值差不多。但是我们依然建议，非原始核心创始人的其余员工建议先以“期权”或“虚拟股”形式授予，而不是以实股的“股票”或“限制股”授予。股票无论是限制股还是股票期权，在解锁之后都会成为真正的“实股”，需要进行工商登记等一系列手续，也就在法律上承认激励对象成为真正的股东和相应的权利。但实股激励除了在操作手续上不如虚拟股来得灵活，如缺乏合理的解锁条件，或激励对象筛选时“看走眼”，很可能存在“引狼入室”的潜在风险，甚至某些引进的管理者掌握一定比例股权（到达一定临界点后）很可能会取代原有创始人/大股东掌控企业的经营决策权/话语权。

（3）送的和买的意义不同。平白的“送股”并且无对等约束条件的设计，往往造成激励对象不懂得珍惜股权的价值。

建议可以考虑以业绩（或是现金奖金）置换实股。倘若是员工自己买的股权，认知度价值是不一样的。以奖金认股或置换股票，一来是正式认可员工的实际“贡献”，二来让员工认知股票的真正的价值。这里再次提醒要谨慎给实股，可以给现金的就不要给股权。

激励对象——给谁合适？

股权激励计划按照激励对象的层级和组群不同，通常分为三种类型：一是核心高管计划（VP层，10人左右）；二是中高层核心人员股权激励（总监层，技术骨干，依据公司大小人数由几十到几百人不等）；三是全员持股计划（华为、腾讯等高科技企业做法）。前文提到，根据不同层级的激励对象，并考虑相应的激励目的来选择合适的激励工具，如成熟企业的核心高管多以激励和保留人才为主授予限制股，而高科技行业的核心业务骨干，则更多地以期权方式来吸引、激励人才。全员持股计划更多会选用虚拟股的形式，架构多层次长期激励。

另外，选择哪个层级哪些激励对象时，企业应当考虑自身创造价值所倚重的核心资源，尤其是对人力资本的依赖度。

（1）对资金高度依赖的企业：基层员工个体对于价值创造的贡献度相对有限，企业发展的成败掌握在少数核心管理者手中，此时激励对象建议仅覆盖高管的范围，最多扩大到核心技术人员。

（2）对人才/技术依赖度高的企业：人才作为企业发展的核心驱动力，激励对象的范围可以扩展到重要价值链部门的负责人、技术人员或销售人员。

（3）完全依赖人才的企业：如律师事务所、咨询公司、投行等通常以合伙人为模式的专业公司，每个资深“专家型”员工都至关重要，股权激励可以设计覆盖到所有中基层。

通常在涉及数量较多中层核心员工的激励计划中，通过框定一定的岗位/级别/序列进行初步筛选后，还会用到类似人才盘点“九宫格”的形式进一步确定激励对象的最终范围（见图3-7）。

“九宫格”人才盘点体系的横向着重于“绩效、业绩贡献”，纵向考核则侧重评估人才的“潜力”。企业一般会选择以下几项进行组合来作为考评的依据。

（1）业绩贡献：过往的业绩和贡献度（“已被验证的能力”）——此处仅作为筛选人的辅助条件，过往业绩主要是用现金激励兑付，股权激励是着眼于未来的激励。

（2）能力素质：评价对于当下/未来岗位的胜任情况（可

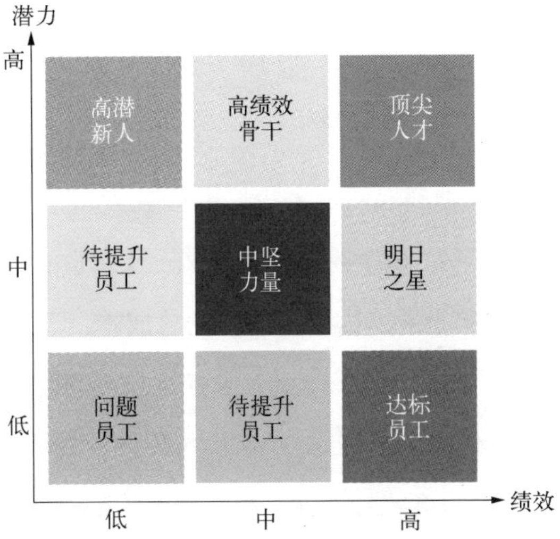

图3–7　人才盘点九宫格示例

用素质模型）。

（3）未来潜力：未来持续作出贡献的可能性（可用潜力测评工具）。

（4）价值认同：能否与企业长期走下去（价值观评分可作为筛选门槛）。

企业通常会透过/应用一些类似360评价体系对以上几项进行评估，再通过“人才盘点的评审会”讨论后最终圈定九宫格中的所属“顶尖人才”“明日之星”“高绩效骨干”区域的员工作为最终的激励对象。

激励额度——给多少？

决定股权激励到底“给多少”的因素太多了！简单来说可以从两方面下手，从企业整体角度来设计激励的总量（股权池大小），这关乎企业所需承担的激励总成本，而对于非上市公司来说更重要的是可能影响到企业控制权的问题。同时我们还需要从激励对象的立场出发，考虑员工个体的授予数量、预期收益以及激励力度的合理性。激励额度的确定方法如图3-8所示。

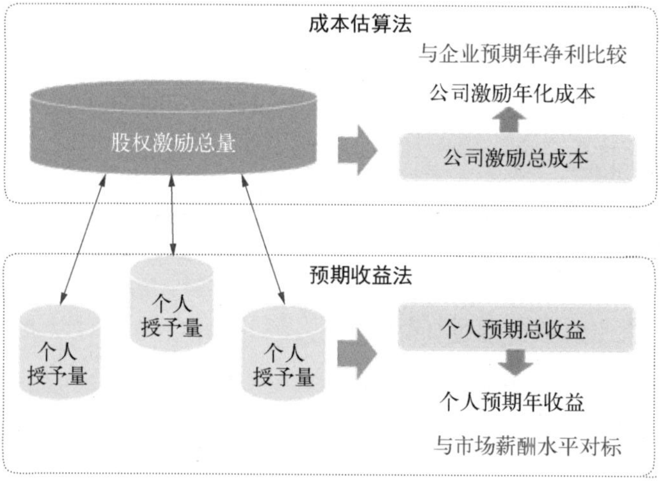

图3-8 激励额度的确定方法

激励总量（股权池）

在设计股权激励方案时，通常我们需要先请董事会和大股东考虑清楚股权池大小，其中会涉及激励成本的财务压力、原有股东的股权稀释、对EPS影响等一系列重要问题。对于上市企业来说，目前国内法规限定“累积的、仍在有效期内的股权激励计划总额”必须控制在10%以内，而早在国内刚实行上市企业股权激励政策之初的2006—2008年，就曾出现过一大批的接近10%的“巨额”股权激励的情况（见表3-4），这是非常可怕的数字！而从美国上市企业的整体数据看来，每轮股权激励的股权池点数通常保持在1%～2%。

（1）成本压力：在确定激励总量的过程中，通常需要测算相应的年化激励成本，再与各年的预期净利润作比较，来考虑这部分激励管理层的股权费用对净利润稀释的影响，也就是看企业的盈利情况能否承受如此成本压力。由如图3-9所示的测算过程，不难发现，分批解锁的周期越长，相应分摊到各个年份的成本势必会更低，为了缓解各年度的激励成本也可在设计时考虑拉长解锁周期（如3～5年）。

表3-4　2006—2008年国内上市企业股权激励方案授予总股本6%及以上的企业名单

上市企业	公告日期	发行激励总数占总股本比例（%）	上市企业	公告日期	发行激励总数占总股本比例（%）
金发科技	7/13/2006	10	用友网络	7/18/2007	8
中广核技	4/14/2008	10	美的电器	12/9/2006	7.93
隆平高科	4/14/2008	10	同洲电子	6/8/2007	7.7
德美化工	7/17/2008	10	泰豪科技	12/14/2006	7.64
泛海控股	12/14/2006	9.96	科达洁能	1/16/2007	7.37
长电科技	2/23/2008	9.9	华海药业	3/25/2008	7.01
海南海药	12/15/2006	9.88	东华软件	1/22/2008	6.96
宝新能源	7/21/2006	9.84	青岛海尔	12/25/2006	6.69
中国中期	2/1/2008	9.57	华微电子	12/5/2006	6.36
国光电器	6/29/2006	8.88	七匹狼	9/12/2006	6.33
博瑞传播	7/27/2006	8.779	浙江龙盛	6/3/2008	6.25
鹏博士	8/17/2006	8.46	东百集团	11/28/2006	6.06
伟星股份	6/27/2006	8.13	天士力	2/19/2008	6
辽宁成大	7/18/2006	8.13	凯乐科技	5/29/2008	6

来源：根据国泰安CSMAR数据库中2006—2008年国内上市公司股权激励方案信息整理而成。

更重要的是测算出成本/净利占比百分数，如果激励成本过高，可能会过度侵蚀净利润，也就同时影响稀释了EPS。这一点非常关键，我们知道碧桂园自从推出了非常激进的股权计划后近年来业绩突飞猛进，但碧桂园的股价为什么很多年都涨上不去？其实，这背后就在于产生的股东价值，很大部分都通过股权激励分给了管理层。可以说，这个激励总额的点数需要董事会和大股东极大的智慧来把握，在激励管理团队做好业务的基础上，同时确保企业的利润和股东收益。

（2）激励频度：每期股权计划的激励总量还取决于整体的激励频度，是在多年内只做一轮，还是滚动持续做很多轮股权激励。也就是说先确定好预留给管理团队的股权池大小（如10%～15%），再根据激励频度的多寡来确定每一轮激励计划可以授予的股权总量（如2%）。国内企业不少已经发布了多期股权激励计划，但普遍是做完一轮再讨论下一轮，较少进行滚动多轮并进的股权激励。当然也有企业将股权激励设定为管理层薪酬的固定部分，因此股权激励的授予是持续不断的，最好的例子就是美的集团股份有限公司，我们会在后续案例进行说明。

股权激励常态化：所谓常态化，是指企业每年都公布新一轮激励方案，作为年度激励的一部分（固薪+现金绩效奖金+股权激励）。考虑到多期计划持续并进，建议每年每一轮的激励力度百分比可以稍低，叠加的成本对企业压力不至于太

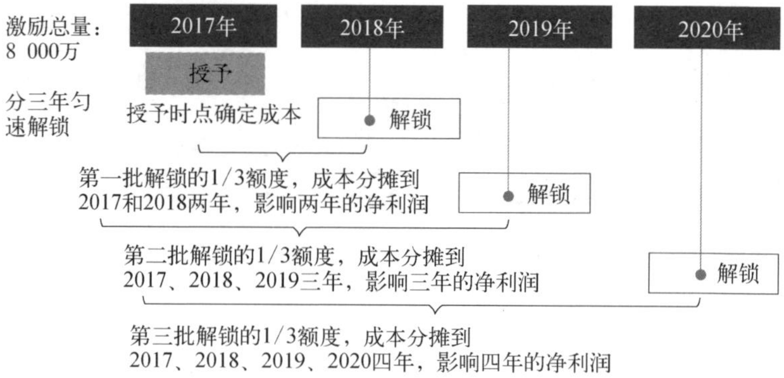

	2017年	2018年	2019年	2020年
第一批1/3 归属日2018.6.1 （分摊期从2017.6—2018.6）	7/12 × 1/3 =19.4%	5/12 × 1/3 =13.9%		
第二批1/3 归属日2019.6.1 （分摊期从2017.6—2019.6）	7/24 × 1/3 =9.7%	12/24 × 1/3 =16.7%	5/24 × 1/3 =6.9%	
第三批1/3 归属日2020.6.1 （分摊期从2017.6—2020.6）	7/36 × 1/3 =6.5%	12/36 × 1/3 =11.1%	12/36 × 1/3 =11.1%	5/36 × 1/3 =4.6%
当年成本分摊比例	35.6%	41.7%	18.1%	4.6%
成本分摊金额（万元）	2 852	3 333	1 444	370
预估净利润（万元）	200 000	230 000	257 600	288 512
成本/净利润%	1.4%	1.4%	0.6%	0.1%

图3-9　股权激励成本分摊的示例

大。一轮激励未完就再做下一轮，滚动授予，起到循环绑定留人的作用，也可以避免随机激励计划带来的投机行为。后续我们将通过美的集团的案例来详细阐述常态化的股权激励特点。当然我们预期每年每轮的激励必须创造出更高的股东利益，无论从企业的盈利或是市值，否则股权激励就没有存在的价值了。

（3）股权稀释：股权激励无论是以大股东转让、还是定向增发的方式，都会对原有股东的股权造成一定的稀释侵蚀作用，这一点在商讨股权池点数时需要慎重考量。在测算稀释程度前，一般还需了解企业原本的股权结构，包括大股东占股百分比、上市流通股占比等关键信息。譬如，大股东占股70%，流通股30%，定向发行2%的股权激励——30：2稀释力度较大。如果原本是大股东占股10%，流通股90%，定向发行2%的股权激励——90：2稀释力度相对较少。

控制权：对于初创企业/非上市企业来说，股权激励池的大小在很大程度上又涉及企业控制权的问题。根据国内《公司法》的规定，影响控制权的股权占比大致有以下几个临界点：10%，34%，51%，67%（见表3–5）。

表3-5　股权占比的几个临界点

股权占比	持股股东不同的权限范围
67% （超过2/3）	完全控股权：对公司重大事项的决议权 *重大事项：修改公司章程、增加或者减少注册资本的决议，以及公司合并、分立、解散或者变更公司形式（上市公司则包括：在一年内购买、出售重大资产或者担保金额超过公司资产总额的30%）
51% （超过1/2）	相对控股权：对公司一般事项的决议权 *一般事项：除重大事项以外的全部事项
34% （超过1/3）	否决公司重大决议的权利 对应持股2/3以上的完全控股权，持有1/3及以上股权可以决定大股东能否拥有完全控制权的临界点，也就是否决权
10%	有权提议召开临时股东会议，在董事会、执行董事或者监事会、监事不召集和主持股东会议的情况下，还可以自行召集和主持股东会议

法律政策：《公司法》——关于重大事项表决权

第43条：股东会的议事方式和表决程序，除本法有规定的外，由公司章程规定。股东会会议作出修改公司章程、增加或者减少注册资本的决议，以及公司合并、分立、解散或者变更公司形式的决议，必须经代表三分之二以上表决权的股东通过。

对于未上市、但是打算在可预期的未来准备上市的企业，创始团队必须对多轮股权激励实施所可能造成的股权稀释的影响有充分的认识。对于不同阶段授予的对象、数目，以及对不同阶段加入到企业的不同类型核心员工，人才的授予必须要有事前周密的计划。以表3–6为例，创始合伙人最初持有60% 的股权，经过几轮增资稀释之后很可能变成仅仅占股18%。

表3–6　股权稀释过程示例

股权人	投资额/所得股权	阶段						
		公司初创期	天使加入前	天使加入后	A轮融资	B轮融资	C轮融资	IPO
原始股权	合伙人A	60.0%	48.0%	38.4%	30.7%	25.0%	22.5%	18.0%
	合伙人B	40.0%	32.0%	25.6%	20.5%	16.6%	15.0%	12.0%
	期权池		20.0%	16.0%	12.8%	10.4%	9.4%	7.5%
天使投资	50万～200万 10%～20%的股权			20.0%	16.0%	13.0%	11.7%	9.4%
A轮投资（VC）	500万～1 000万 20%～30%的股权				20.0%	20.0%*	18.0%	14.4%

（续表）

股权人	投资额/所得股权	阶段						
		公司初创期	天使加入前	天使加入后	A轮融资	B轮融资	C轮融资	IPO
B轮投资	2 000万～4 000万 10%～15%的股权					15.0%	13.5%	10.8%
C轮投资（PE/战略投资者）	年营收2 000万以上至5 000万左右 5%～10%的股权						10.0%	8.0%
IPO								20.0%

注：*A轮投资者在协议定规自己持有的20%份额在B轮融资中不被稀释。

因此，我们会建议初创企业/非上市企业，在创业早期估值较低、每股股权价格也相应较低的情况下，在招聘外部管理团队进行股权激励或引入投资方时，仍需谨慎考虑上述临界点，切记不要为了引入少量资金、承诺新进管理者而兑换失去大量股权，要把握好股权稀释和控制权的平衡。逐步稀释过程中，把握好每轮所需投资的额度和股权百分比对应的经营权

（见表3–7）。

表3–7 核心创始人不同阶段的持股比例

企业发展阶段	核心创始人的持股
天使投资轮	67%以上
A轮	51%以上
B–C轮	34%以上
上市时	10%以上

与此同时，我们也看到时下境内外不少高科技企业的创始团队，在只拥有较少股权占比的情况下，通过对公司章程、股东协议或是与投资机构的对赌协议中，事先约定议事和投票规则、保障创始团队的表决权，以不同的方式掌握企业的经营主导权，这里简要列举出几种供大家参考（见表3–8）。

表3–8 不同方式掌握企业的经营主导权

掌握控制权的方式	企业/具体实例
持股平台模式	通过对母公司有控制权的持股平台公司的掌控，间接获得对母公司的控制权 实践较普遍，不赘述
同股不同权（AB股模式）	AB股模式只有在美国上市的企业才能够采用，如Facebook、Google都采用。但在英国伦敦、中国香港上市的公司采用这种双重股权架构都会受到限制

（续表）

掌握控制权的方式	企业/具体实例
委托表决权/投票权 “表决权委托”即指通过协议约定，某些股东将其表决权委托给其他特定股东行使的一种经营权控制模式	• 京东的表决委托权 刘强东虽然持股比例只有20%多点，但DST全球基金、红杉资本、Insight Funds等11家投资机构把各自所持股份对应的表决权委托给刘强东行使，使刘强东拥有了京东51.2%的表决权，进而获得了京东的经营控制权
一致行动人协议	永辉超市等，实践较普遍，不赘述
掌控董事会（席位）	• 阿里巴巴的“超级合伙人” 合伙人权利： （1）合伙人拥有提名董事的权利 （2）合伙人提名的董事占董事会人数一半以上，无论因任何原因董事会成员中由合伙人提名或任命的董事不足半数时，合伙人均有权任命额外的董事以确保其半数以上董事控制权 （3）如果股东不同意选举合伙人提名的董事，合伙人可以任命新的临时董事 • 华为：任正非虽然占股只有1.4%，但对于公司重大决策有一票否决权，直接掌控公司的决策机构——华为董事会

个体授予量——激励力度

我们先来看一组美国近20年来高管薪酬结构变化的统计数据：20世纪90年代初期，高管获得的期股权价值与年度现金奖金（不含固薪）的比例大约是1∶1，而近年来期股权的价值已经达到现金奖金的2～3倍！以如图3-10所示S&P500

Panel A：S&P500企业CEO的薪酬构成

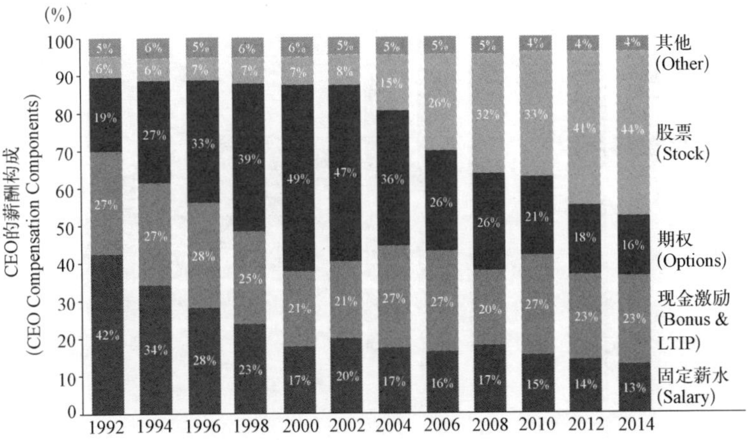

图3-10 S&P500企业CEO期股权占总薪酬比例

的大型企业高管CEO在2014年薪酬结构为例，期股权收入（option & stock）约占其总薪酬的60%，几乎是这些高管固定薪酬（salary）的4～5倍。更重要的是，总体变动薪酬（现金奖金+股权激励）占总薪酬的比重甚至超过了80%。

同样地，从S&P600中小版企业的CEO薪酬数据来看，期股权收入接近于CEO总薪酬的50%，较大型企业CEO期股权收入占比稍低一些，约为高管固定薪酬的1.5倍左右（见图3-11）。

由此可见，期股权所代表的长期激励在现代企业高管薪酬中扮演着非常重要的角色，也再次佐证了高管薪酬显著的未

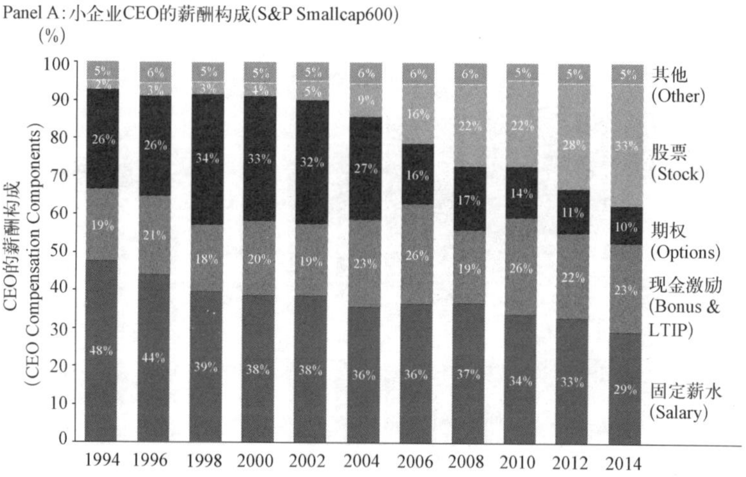

图3-11　S&P中小版600 CEO期股权占总薪酬比例

来源：Execu Comp data数据库。

来导向、绩效挂钩。那么到底哪些因素决定股权激励在薪酬结构中的占比？一般有以下四类因素：

① 企业的特征、规模的大小；

② 行业、劳动力市场的特征；

③ 管理层个人的市场价值；

④ 工作岗位的特征。

根据统计数据，通常企业的规模越大，处在快速增长期、行业和劳动力市场相对流动性较高的情况下，尤其像互联网、电商、生化基因、人工智能等高科技行业，长期股权激励在高管薪酬中的占比就越高，所扮演的角色也更为重要。同时，还需要考虑不同岗位/人才的稀缺性和外部招聘的难易度，如企业内需要长期留用的重要角色像CFO、研发总监、战略发展的事业部门总监等，在股权激励分配时应当重点向这些关键岗位倾斜。

前面提到在确定激励总额时，可以累加激励对象的个人“预期收益”自下而上地规划总股权池。具体来说，在设计不同岗位的个人分配额度时，我们一般会参考管理层个人的市场价值（包含短期激励和长期激励的高管总薪酬的市场对标值）来设定，同时测算每年预期可解锁兑现的期股权收益在高管年薪中的占比，一般我们会建议长期激励为固薪的1.5～2倍（见表3-9）。如果长期激励的年度收益只占到短期激励（固薪+业绩奖金）的30%或以下，则对于高管来说，这笔奖励可谓无关痛痒，激励效果也就大打折扣。

对于现金流短缺的初创型企业来说，固薪部分甚至现金奖金都会低于人才薪酬水平，通常企业会允诺并授予较多的期股权来补偿，可能会出现期股权价值达到固薪的8～10倍甚至更高的情况。

表3-9　薪酬结构和激励额度示例

族群	薪酬结构	激励额度
高管	短期激励（固定薪酬、业绩奖金、超额分享） 长期激励（限制股、期权）	短期激励：长期激励=1 ：1.5/1 ：2
前台	短期激励（固定薪酬、业绩奖金、超额分享） 长期激励（期权）	短期激励：长期激励=1 ：0.6/1 ：0.8
后台	短期激励（固定薪酬、业绩奖金） 长期激励（期权）	短期激励：长期激励=1 ：0.8/1 ：1

人均分配			层级	预期年度收益测算（授予价格40元）		
层级	人数	期权数/万股	短期激励中位数	股价60元	股价70元	股价80元
L18	10	45	300万	300万	450万	600万
L17	25	12	120万	80万	120万	160万

依此方法，便可以从不同激励对象的市场价值来对标股权收益，从而倒推确定个人激励额度，最终估算整体的激励总额。企业需要找到一个均衡，可以既符合企业可承受的激励成本，又能满足高管预期的激励力度，同时也要考虑到部分股权（通常10%）预留给未来新进高管。切记不要一次用完所有的“激励子弹”，建议可以考虑分批多轮的股权计划。

绩效条件——按什么给？

按时间授予？还是按绩效授予？

这里首先探讨高管股权激励的授予方式到底是应当“按时间授予”（time vested）还是“按绩效授予”（performance vested）？“按时间授予”一般指高管（期股权的授予对象）在度过设定的等待期之后，仍然为公司的持续聘用者，到解锁时点后即可按本批解锁份额，无条件地行使认购权，称为“按时间授予”。在2006年美国出台“期权必须费用化”规定之前，“按时间授予”是美国高管期权最普遍的授予方式，特别是互联网、电商等高科技企业。

“按绩效授予”则是指高管（授予对象）在约定的等待期之后，仍然符合正常任用条件，并且企业及个人业绩达到解锁所需的业绩条件时方可解锁，同时本批可解锁的股权数量还需依据业绩达成率进行调整确定，我们称之为“按绩效授予”的股权激励。譬如，若$2 ≥ EPS ≥ $1，可解锁的股数为10万股；$3 ≥ EPS > $2 可解锁股数为 15万股；EPS > $3可解锁的股数则变成20万股。

按北美公司常见的“按绩效授予”的股权激励，授予的股票数量是按业绩浮动的，这和内地企业的实践以及证监法的“授予股数必须事先设定”的规定不太一致。纵观2006—2018年国内上市公司股权激励数据，近2 000份方案几乎都设定了“绩效条件”，但很多纸面上虚设的“绩效条件”在未来达成如囊中取物般轻而易举，也就是所谓“按绩效授予”其本质就是“按时间解锁”。更重要的是证监会规定授予的股数必须事先设定，不能浮动。因此内地的“按绩效授予”实质上并非是真“按绩效授予”。

那到底“按时间授予”或是“按绩效授予”比较适合在何种情况下使用？从逻辑上来分析，笔者认为，“按绩效授予”通常适用于需要验证管理层是否有能力完成预期目标，或是企业面临经营挑战或转型，更多地关注“筛选”“问责”的目的；而“按时间授予”更适用于“人才留任”和“激励”，尤其会配合“现金奖金兑换限制股”来使用，也即管理层通过业绩达成而获取的奖金，再次转化为长期持有的股权，这只需锁定时间而无须再设业绩条件。后面我们再结合案例详述这种设计。

逻辑上如何验证这个推论？假设我们股权授予设计是按

“绩效授予”。也就是解锁时授予股权的数量$\tilde{n}$是业绩“$\tilde{x}$”的函数，其中$\tilde{x}$是业绩指标。$\tilde{x}$：可以定义为EPS、利润增长率、销售增长率，或是ROE、ROI、市场份额等。同时我们假设股价$\tilde{p}(\tilde{x})$是公司业绩“$\tilde{x}$”的线性函数。为简单起见，我们同时假设管理层的报偿为授予股数乘上股价：$\tilde{n}\times\tilde{p}(x)$，那么管理层股权包的预期报酬的期望值为

$$E(\tilde{n}\times\tilde{p}(\tilde{x}))=E(\tilde{n})\times E(\tilde{p}(\tilde{x}))+2Cov(\tilde{n},\tilde{p}(\tilde{x}))$$

鉴于未来授予的股数$(\tilde{n})$和股价$\tilde{p}(\tilde{x})$两者都是随机变量，同时授予数量和股价受企业业绩影响。换言之，授予数量和股价应该会是“正相关的”；也就是授予数量和股价的共变量应当是正值的：$2Cov(\tilde{n},\tilde{p}(x))>0$。所以：

$$\begin{aligned}E(\tilde{n}\times\tilde{p}(x))&=E(\tilde{n})\times E(\tilde{p}(x))+2Cov(\tilde{n},\tilde{p}(x))\\&\geqslant E(\tilde{n})\times E(\tilde{p}(x))\end{aligned}$$

因此从激励的角度而言，按绩效授予的期股权的激励必定比按时间授予（相同预期股数时）更强。

同样地，我们可以分析按绩效授予管理者潜在利得的“方差”（风险）。该按绩效授予的股权薪酬方案的方差应当可以表示为

$$
\begin{aligned}
&Var(\tilde{n} \times \tilde{p}(x)) \\
&= \mu_n^2 Var(\tilde{p}) + \mu_p^2 Var(\tilde{n}) + 2\mu_n \mu_p Cov(\tilde{n}, \tilde{p}) - Cov(\tilde{n}, \tilde{p})^2 \\
&+ E(\tilde{n} - \mu_n)^2 (\tilde{p} - \mu_p)^2 + 2\mu_p (\tilde{n} - \mu_n)^2 (\tilde{p} - \mu_p) \\
&+ 2\mu_n (\tilde{p} - \mu_{pn})^2 (\tilde{n} - \mu_n)
\end{aligned}
$$

其中，μ_n、μ_p代表预期授予股数和预期股价的均值。假设我们进一步考虑一个简单的假设授予，即预期授予股数和预期股价都是业绩的线性函数；业绩越好授予股数越多，并且同时股价也越高，即：

$$
\tilde{n}(x) = b\tilde{x};\ \tilde{p}(x) = c + d\tilde{x}
$$

在财务会计上可以粗略地称系数 b 为“激励敏感度”，因为该系数代表业绩越好拿到股数越多的斜率。系数 d 则可以关联到资本市场对企业业绩宣告的敏感度，或是粗略概念称为“盈余反应系数”。将上述线性关系代入协方差函数；经过简化，我们可以得到经理预期收益协方差如下：

$$
\begin{aligned}
&Var(\tilde{n} \times \tilde{p}(x)) \\
&= \mu_n^2 Var(\tilde{p}) + [\mu_p b Var(\tilde{x}) + 2\mu_n d] \\
&+ 2bdE(\tilde{x} - \mu_x)^3 (\mu_p b + \mu_n d)
\end{aligned}
$$

激励理论告诉我们在相同激励强度之下，较低的风险相对应的代理成本应当会较低。因此尝试回答何时按绩效授予的股权激励会更有价值？也就是在相同的激励强度之下，何时按绩效授予的股权相对应的风险（方差）会更小？上述分析给了一个非常有趣的答案。

$Var(\tilde{n} \times \tilde{p}(x))$的大小取决于 第三项$2bdE\,(\tilde{x}-\mu_x)^3(\mu_p b+\mu_n d)$到底是正值，还是负值。因为，$b$、$d$、$\mu_p$、$\mu_n$均为整数，因此$E\,(\tilde{x}-\mu_x)^3$值的正与负决定了$2bdE\,(\tilde{x}-\mu_x)^3(\mu_p b+\mu_n d)$的值为正值还是负值。请注意，$E\,(\tilde{x}-\mu_x)^3$实质上就是“业绩指标”分布的第三动差。换而言之，当企业预期业绩分布的第三动差为负值时，如$E\,(\tilde{x}-\mu_x)^3<0$，按绩效授予股权报偿的协方差$Var(\tilde{n} \times \tilde{p}(x))$会相对比较小。

从实务上而言，“企业预期业绩分布的第三动差为负值”的含义到底是什么？简言之，它代表业绩的分布是负偏度的。

如图3-12所示，“负偏度”的业绩分布，意味着企业“有较高的概率会出现极差的业绩”（譬如破产！）[1]。绩效指标

[1] 注意，本模型是根据 Dr. Yuhchang Hwang（黄钰昌教授）未发表工作文献，目的不是建立正式最优激励合同也不是均衡模型。它只是基于参数的基本统计特性的一些简单假设所推导出来的逻辑。

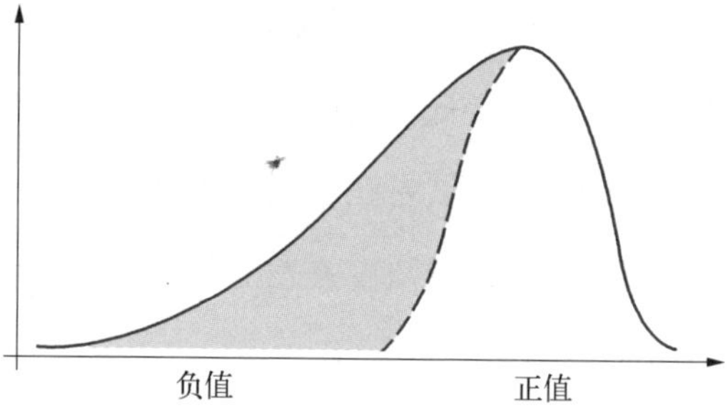

图 3-12　企业预期业绩的负偏态分布

偏向左分布，也就是“负偏度”的业绩分布意味着业绩指标（EPS、ROE等）的分布向左倾斜；这表明公司有不成比例的大概率会面临灾难性损失。

总结：何时适用“按时间授予”？何时适用“按绩效授予”？

通过简单的逻辑分析所得出的结论如下：

（1）当留人和激励较为重要时，按时间授予是可行的。

（2）当“问责”或是筛选人才特别紧要时，按绩效授予是合宜的。

（3）特别是当企业运营面临巨大的“下行风险”、艰巨挑战，或者面临严峻重组或转型，那么按绩效授予更为合宜。

业绩条件的对比标准

在第2章现金奖金的考核指标中我们已经提过，按照对比标杆不同，绩效考核的方式分为绝对绩效考核和相对绩效考核两大类。考核周期开始前，薪酬委员会给高管所设定的业绩指标若是按“企业内部预算来设定”，也就是依据企业和行业趋势，综合历史业绩和预期增长“事先”设定的，我们称为“绝对指标”。另一种更为动态公允、“事后”确定的指标，是将管理层业绩与同行或竞争对手比较，我们称这类的考核体系为相对指标。

笔者建议若是业绩很大程度地会受到整体行业、宏观经济因素、原材料价格起伏变化影响的企业，或者是所处行业受到国家政策调控影响巨大的企业，更应该考虑以“行业对标”来设定考核，如原材料行业、钢铁行业、金融业等。我们再以中美两家钢铁企业的典型设计为例，具体探讨如何在股权激励中设计“相对考核指标”。

由图3-13可以清晰地看到，美国石油公司 Chevron 的息税前盈余（earnings before interest and tax，EBIT）和每桶原油价格（通货膨胀调整后）的关系度几乎超过 80%。可以说，对于这种“外部因素”影响巨大的行业，不论是EPS、ROE、

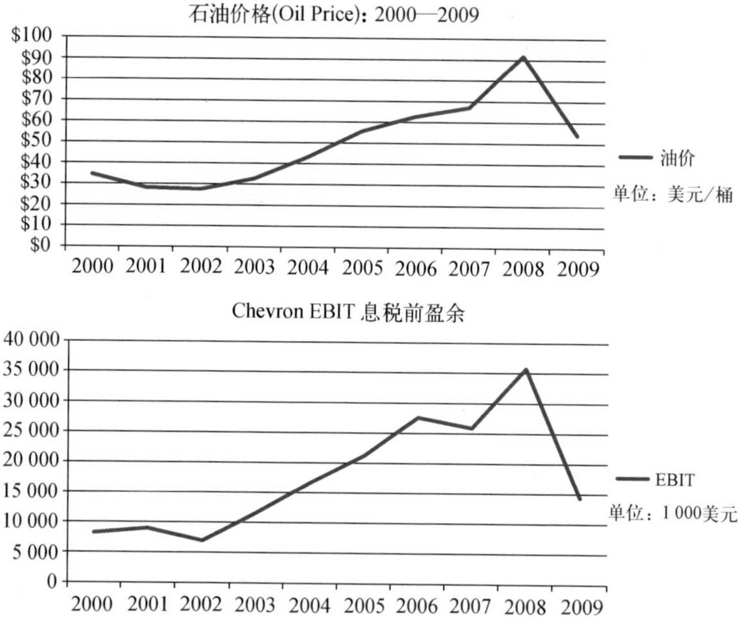

图3-13　石油公司利润与油价的关系

来源：根据Chevron公司2000—2009年财报信息和油价市场价格整理而成。

ROA、ROIC 或是EVA，任何以会计盈余相关的绝对指标（和预算对标）来考核业绩都是不合适的。因此，我们所面临的挑战是如何才能真正区隔出，业绩结果来自管理者的“努力和能力”，还是仅靠市场的“运气”？

我们再对比一个简单的数据分析，图3-14是取自美联储数据库中的铁矿石价格指数与冷轧产品价格指数（1982年6

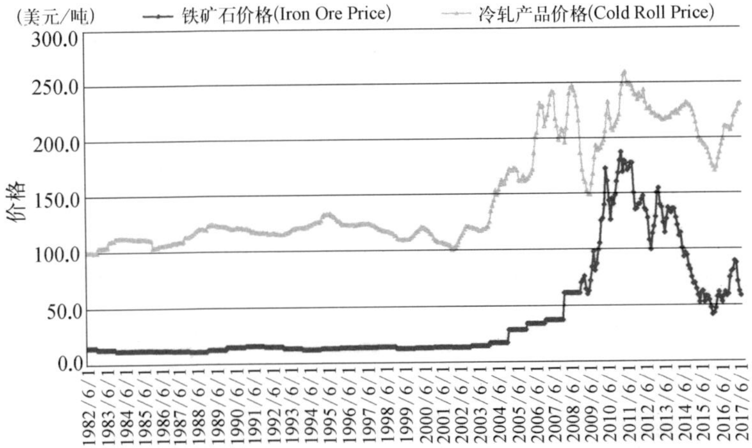

图 3–14 铁矿石价格指数与冷轧产品价格指数的相关性

数据来源：国际钢协 https：//fred.stlouisfed.org/series/PIORECRUSDM。

月—2017年6月），从走势看显然两者的关联度非常高。再经过简单的计算，两者在统计上的相关系数高达83.6%，可以说铁矿石的价格指数与冷轧产品的价格指数几乎达到“息息相关”的程度！

从历史数据来看，钢铁行业的产品价格、销售收入和利润明显都和铁矿石价格变化高度关联。因此，若以绝对指标（如业绩预算目标、销售增长率、利润率、投资回报率）作为绩效考核的标准，则无法真实反映企业的“业绩”。为了排除市场因素的干扰，准确区分管理者的努力与运气，此类行业最合宜的绩效指标应当是“同行对标”。“相对排名”的方式能够提升指标的精确度，让考核更为公平有效，更能真实反映管理团队的能力与智慧。

我们再来看一下宝钢股份2017年股权激励方案中“相对考核”的设计。在薪酬委员会的提议下，宝钢董事会设定了一系列与国内外各大主要钢铁竞争企业对标的限制股解锁条件[1]。

宝钢股份2017年股权激励计划（限制股）的绩效条件：

（1）2017年度利润总额达到同期国内对标钢铁企业平均利润总额的3.0倍。

（2）吨钢经营利润位列境外对标钢铁企业前三名。

（3）完成国务院国资委下达宝钢集团分解至宝钢股份的EVA考核目标：

① 营业总收入较授予目标值同比增长率5%，达到1 903亿元；

② 且不低于同期国内同行业A股上市公司营业总收入增长率的加权平均值；

③ EOS（EBITDA/营业总收入）不低于10%；且不低于同

[1] 资料来源：2014年宝山钢铁股份有限公司A股限制性股票计划首期授予方案（草案修订稿）；本书作者在当时（2014）担任宝钢股份外部董事、薪酬委员会委员。

期国内同行业A股上市公司EOS的75分位值。

“国内同行业A股上市公司”：指国内大型证券机构申银万国证券股份有限公司所编制的“申银万国一级行业指数–黑色金属行业”分类中的全部32家上市公司（不含宝钢股份）；

“国内对标钢铁企业”：指2012年度营业收入排名前8名的国内同行业A股上市公司（不含宝钢股份），分别是：河北钢铁（000709.SZ）、太钢不锈（000825.SZ）、武钢股份（600005.SH）、鞍钢股份（000898.SZ）、马钢股份（600808.SH）、山东钢铁（600022.SH）、酒钢宏兴（600307.SH）、华菱钢铁（000932.SZ）；

“境外对标钢铁企业”：指韩国浦项钢铁公司（Pohang Iron and Steel Corporation，英文简称“POSCO”，证券代码“005490.KS”）、日本新日铁住金株式会社（Nippon Steel & Sumitomo Metal Corporation，英文简称“NSSMC”，证券代码“5401.JP”）、日本钢铁工程控股公司（JFE Holdings, Inc.，英文简称“JFE”，证券代码“5411.JP”）、美国钢铁公司（United States Steel Corporation，英文简称“USS”，证券代码“X.US”）、阿塞洛米塔尔钢铁集团（Arcelor Mittal, S.A.，英文简称“Arcelor Mittal”，证券代码“MT.US”）和中国钢铁股份有限公司（China Steel Corporation，英文简称“CSC”，证券代码“2002.TT”）六家企业。

宝钢股份的绩效指标结合了绝对指标和相对指标，除了第三条EVA是国资委要求达成的绝对指标外，前两条是董事会给高管设定更具挑战性的两大指标：宝钢的平均利润总额指标（获利能力）需要对标国内同行，超过国内前八大钢企平均利润额的3倍（倍数从2014年开始由2.5～3倍逐年递增）；同时还要在吨钢经营利润上战胜国际竞争对手，即吨钢获利能力必须在世界六大钢企中排名前三位，这完全符合宝钢“成为全球最具竞争力钢企”的战略目标。值得一提的是，宝钢以吨钢利润排名作为核心指标，已经排除了市场铁矿石价格波动对利润的影响。

宝钢股份解锁条件的设计在国内是比较罕见的，但就股权激励实行以来宝钢股份多年的业绩来看，该考核激励机制非常有效。而此类设计在北美高管股权激励中却是十分常见的设计，有些企业甚至会选择上下游企业来对标。譬如，钢铁或石油行业可以参照油价或铁矿石等原材料的价格指数来调整企业的利润指标，同样也可以选取下游重工业的一篮子公司的“平均投入资产回报率”（returns on average invested capital，ROAIC）作为对标参数。

根据研究发现，近年S&P1500上市公司中约有41% 使用“相对绩效指标”（relative performance evaluation，RPE）来决定他们高管的长期股权激励（见表3-10）。而国内上市企业股权方案中，只有极个别（约6.9%）的企业使用了相对绩效指标。研究数据同时表明，使用RPE的美国上市公司往往会选择市值作为其考核指标，这也同样印证了中美上市企业在使用指标类型上的差异。接下来我们再具体看看宝洁公司（P&G）怎样选择对标组及其背后的逻辑。

表3-10 S&P1500高管股权（限制股）使用行业对标（相对考核）的比例

	样本量（N）	是（Yes）	否（No）
2006—2008	435	162（37.2%）	273（62.8%）
2009—2013	1 007	422（41.9%）	585（58.1%）
2006—2013	1 442	584（40.5%）	858（59.5%）

资料来源：Gao, Zhan Gao，Yuhchang Hwang & Wu, Wan-Ting “Contractual Features of CEO Performance-Vested Equity Compensation,” Journal of Contemporary Accounting and Economics, Volume 13, Issue 3, December 2017, Pages 282-303 http：//www.sciencedirect.com/science/article/pii/S1815566917300346。

小案例：宝洁（P&G）

宝洁（P&G）在其2015年高管股权激励计划中使用了相对考核的解锁条件，以下25家对标企业名单也颇有借鉴价值（见图3–15）。

3M	Colgate-Palmolive	General Electric	Kimberly-Clark	Pfizer
AT&T	ConocoPhillips	Hewlett-Packard	Lockheed Martin	Target
Boeing	Du Pont	Home Depot	Merck	United Technologies
Chevron	Exxon Mobil	IBM	Mondelez	Verizon Communications
Coca-Cola	Ford Motor Co.	Johnson & Johnson	PepsiCo	Wal-Mart Stores

图3–15　宝洁25家对标企业名单

不难发现，宝洁在选择这些跨行业对标企业时主要依据有四个标准：

（1）营收和市值必须和宝洁相当。

（2）在市场上与公司业务或是资本投资是相互竞争的企业。

（3）与宝洁竞争相同档次的管理人才的企业。

（4）薪酬模式必须大体相似。宝洁不会与金融服务业或保险行业的公司对标，也不会与其他商业模式大相径庭的企业对标。

总结：当企业业绩受到外部经济环境变化、原物料市场，或政府政策的影响巨大时，相对绩效指标的使用将会优于绝对指标，也就是我们强烈建议企业应当考虑使用行业对标作为高管考核的依据。相对指标此时更能反映管理层真正的能力与贡献！对标的企业可以是同行业的竞争对手，也可以是企业的上下游，甚至是针对相同客户群体，或与其竞争管理人才、资本市场的企业。

时间安排——如何给？

股权激励的四个关键时点如图3-16所示。

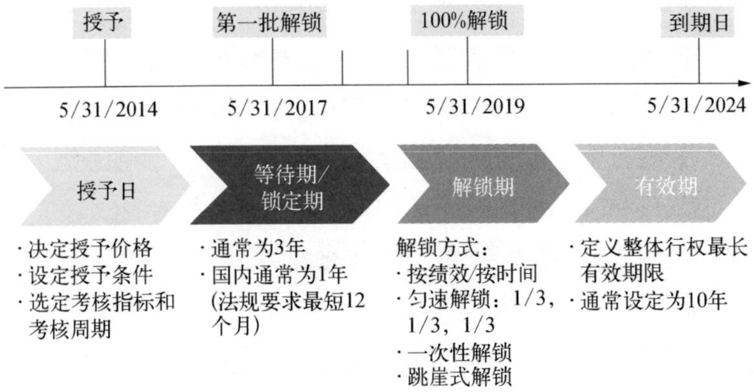

图3-16 股权激励的四个关键时点

授予日

授予日或授权日：指上市公司向激励对象授予限制性股票、股票期权的日期，也就是股权激励计划公布的日期，授予日必须为交易日。一般来说，授予日及授予方式主要由上市公司的董事会确定。董事会的薪酬委员会应首先对股权激励方案的草案提出建议，然后经董事会审议通过后再送股东大会通过后公布。根据法律政策要求（下详）的授予价格/行权价格的确定方法，授予日时点的选择将直接影响授予价格/行权价格，可以说是相当关键和重要的。

法律政策：《上市公司股权激励管理办法》

第23条：限制性股票的授予价格，不得低于股票票面金额，且原则上不得低于下列价格较高者：① 股权激励计划草案公布前1个交易日的公司股票交易均价的50%；② 股权激励计划草案公布前20个交易日、60个交易日或者120个交易日的公司股票交易均价之一的50%。

第29条：股票期权的行权价格，不得低于股票票面金额，且原则上不得低于下列价格较高者：① 股权激励计划草案公布前1个交易日的公司股票交易均价；② 股权激励计划草案公布前20个交易日、60 个交易日或者120个交易日的公司股票交易均价之一。

作为股权激励的直接受益方，管理团队往往会希望激励方案在股价较低的窗口期内适时地公布。换个角度来说，授予日的选定也留给管理团队可操弄的空间，可以通过选定股价最低点作为授予日，或事后更改调整日期（back-dating），故意调低当前的业绩指标。虽然公司法规定企业有权利可以随时召开临时董事会，但从完善公司治理的角度，我们建议公司可以在每年年初就预设订立好整年的董事会/薪酬委员会的开会日期，以防止授予价格受到操纵。

根据《上市公司股权激励管理办法》，授予日同时决定了：

（1）激励对象的确定，依据和范围。

（2）拟授出的权益数量，涉及的标的股票种类、来源、数量及占上市公司股本总额的百分比。

（3）分次授出的，每次拟授出的权益数量、涉及的标的股票数量及占股权激励计划涉及的标的股票总额的百分比、占上市公司股本总额的百分比。

（4）拟预留权益的数量、涉及标的股票数量及占股权激励计划的标的股票总额的百分比。

（5）股权激励的限售期（等待期或锁定期）。

（6）可行权日。

（7）行权有效期限及行权的安排。

（8）限制性股票的授予价格，股票期权的行权价格。

（9）行权的业绩条件及行权的办法。

等待期或锁定期

所谓的等待期/锁定期，是指限制性股票授予日到首次解除限售日间的限售期，或是股票期权授权日到首次可行权日之间的等待期。根据我国《上市公司股权激励管理办法》股权激励的等待期都最短不得少于12 个月，可是法律政策并没有要求不可以超过12 个月。但遗憾的是我们尽阅了2006年至今，国内上市公司公布的近2 000个股权激励方案，其中也包括很多专业咨询公司的设计方案，87%的方案将等待期设定为12个月，这刚刚好是法律政策要求的最底线。不难理解，对于有办法左右股权激励方案的高管团队或职业经理人来说，等待期越短，意味着越能够尽快“解套”，避免不确定性的收益风险。然而从公司治理的角度，这可以说是一种把长期激励变相短视化的设计，是非常不合适及不负责任的。

> 法律政策：《上市公司股权激励管理办法》
> 第24条：限制性股票授予日与首次解除限售日之间的间隔不得少于12个月。

股权激励作为企业管理中的“长期激励”工具，通过授予管理团队部分公司股权的方式，促使管理层与股东的长期利益绑定一致，管理层也更有意愿作出有利于企业长远发展的投资、战略和运营决策。同时，搭配使用现金奖金来认可管理团队的短期业绩表现，这样的薪酬设计方可双管齐下，平衡长短期激励。而国内上市企业为何会出现这么多雷同“短等待期”的设计？在管理水平相对较弱时，容易迷信于他人经验，殊不知却忘记了对症下药。那么不顾自身情况照抄“12个月等待期”的设计到底会造成哪些潜在的问题？

（1）长期激励的“短考核期”：仅12个月的等待期基本上

限定了用来解锁的绩效条件的考核周期只能设定为一年。这是个非常可怕的矛盾！也就是说，我们在用短期导向的考核周期和指标来决定长期激励的发放，这样的设计很有可能会诱导高管作出急功近利的短视行为！

（2）“一头牛扒两层皮”：我们甚至可以观察到一个更可笑的现象，我们不知不觉已经将长期的股权当作短期的奖金来发放。何以见得？由于大多数股权激励的考核周期仅仅是一年，迫使企业选择的股权激励的考核指标和现金奖金的考核指标非常趋同。从统计数据来看，几乎所有的国内上市公司使用的股权激励指标都是“利润（增长率）、营业收入（增长率）、投资回报率”等几项，而同样的KPI我们已经在年度现金奖金的绩效考核中使用过了，这就是典型的“用两笔奖金重复犒赏同一个功绩”，或者说“一头牛扒两层皮”的怪象。

（3）“强激励下的舞弊风险”：前文我们曾经提到股权激励在高管薪酬中占有非常重要的分量（几倍固薪），激励的强度也是最大的。而使用了12个月的短考核期，更是在放大激励的同时引导高管作出激进冒险的行为，甚至在最坏的状况下鼓励他们弄虚作假。

解锁期

在等待期过后，若满足可解锁/行权的时间要求或业绩指标时，授予的股权/期权可以按计划“分批”“分期”进行解锁/行权。这里所谓的解锁期也就是包括每一批解锁的周期统统加总起来，整个解锁的时间跨度。国内上市企业根据证监会的要求，每批解锁的周期跨度不得小于12个月，同时每次可解锁的限制股/可行权的期权不得超过授予总额的50%，以防止出现短期一次性套现的可能。

法律政策：《上市公司股权激励管理办法》
第25条：在限制性股票有效期内，上市公司应当规定分期解除限售，每期时限不得少于12个月，各期解除限售的比例不得超过激励对象获授限制性股票总额的50%。
第31条：在股票期权有效期内，上市公司应当规定激励对象分期行权，每期时限不得少于12个月，后一行权期的起算日不得早于前一行权期的届满日。每期可行权的股票期权比例不得超过激励对象获授股票期权总额的50%。

但这样的设计原则实际上还是相对循规蹈矩却不甚合理。欧美的企业在设计限制股/期权的解锁模式上有非常大的弹性和自由度，可以采用年度匀速、加速、减速，或是悬崖式（cliff-vesting）解锁模式。从解锁期的长短来看，欧美准许企业按年度（12个月）、按季度，或更短的按月度来解锁，企业完全可以根据自身发展阶段、人才特征等特点来灵活设计。为了缓解国内等待期太短（12个月）所造成短期的考核与导向，还可考虑一些变通的办法。

（1）使用“滚动式”指标：第1次解锁根据过去1年的业绩；第2次解锁根据过去2年滚动的业绩（譬如过去2年销售的复合增长率）；第3次解锁根据过去3年滚动的业绩（譬如过去3年销售的复合增长率），也就是指标设计需要综合考量过往几年内的业绩情况，预防冲业绩的短期行为出现。

（2）搭配“先低后高”的解锁比例：在使用滚动指标的同时，把解锁的大份额置后，譬如分3年解锁；解锁比例为第1年20%，第2年30%，第3年50%，而第3年的解锁条件需要做到前面连续3年的业绩达标，如此一来高管自然会着眼于长期业绩。

解锁的方式

匀速解锁（graded vesting）：国内最常见的解锁方式是“匀速”解锁，譬如分3年，每年解锁1/3的股数。目前国内上市公司多以12 个月为等待期，加上3年解锁期/行权期，总共为4年。在北美大部分公司设计是3年等待期+3年解锁期，每一轮的股权激励的时限至少为6年，有些甚至会给更长的行权有效期。

非匀速解锁：企业也可设计不同等行权比例的解锁模式，如前文所介绍的“先低后高”设计，把占比较重的股权解锁后置，并绑定多年综合绩效成果，借此加强“长期”激励的效用。但过往仍有极少一些企业会选择“先高后低”的解锁模式，如第一批即解锁50%或以上份额，这种设计或多或少会带有一些短期套现的倾向和风险。

加速解锁（accelerated vesting）：若在激励方案实施过程中，企业被并购了该如何解锁？管理层被辞退了该如何解锁？这类组织权属或个人变化都可能引发原有方案提速，因此在设计股权激励方案之初，这些因素都应预先考虑设定备案，避免未来产生争议。

（1）发生并购：当企业被并购时，新的团队是否愿意履行原有公司的股权激励计划？这将是一大挑战。欧美企业在设计股权激励方案时，可能会因高管的要求，加入所谓的“并购条款”（change in control），预先明确当企业被并购（或控制权发生变化）时，原公司的管理层可以对“尚未到期的股权”行使“加速解锁”，甚至一次性全部解锁。

（2）高管离职：当管理层“非因犯错”（without causes）而离职时，譬如其管理理念与董事会不合，或企业战略发生改变等情况下，若预先已在股权激励计划中有相关约定，此时高管亦可以要求对“未到期的股权”行使“加速行权”！

（3）业绩提前达成：另一个有趣的设计是，当管理团队业绩的表现远远超出原定设计的解锁要求时，特别是某些挑战性较高的指标提前完成，管理团队亦可要求提前解锁。但在国内某些股权计划中我们也看到一些“太容易完成”的业绩条件，可能由于企业发展速度大大超过预期抑或是带有预设低标准套现的意图。无论如何，业绩指标的合理性在股权激励中都极为关键。

同样地，从企业的立场而言，企业也可以要求加速行权！特别是离职员工手上“已经解锁、但是尚未行权”的部分期权，公司可以预先规定要求员工必须6个月内行权，或者在离职前必须行权完毕，否则视同放弃。

悬崖式解锁（cliff vesting）：这种解锁模式在硅谷的高科技初创企业特别普遍。通常员工在经过一段“特定考核期/试用期”之后，业绩/表现若是达到预期目标，企业便授予他“一大块”的股权（可能是总授予量的30%～50%），这是所谓的“悬崖”部分。之后则是小份额、短周期（按月）进行分批解锁，“细水长流”部分的时间跨度相对较长。具体实例如图3-17所示。

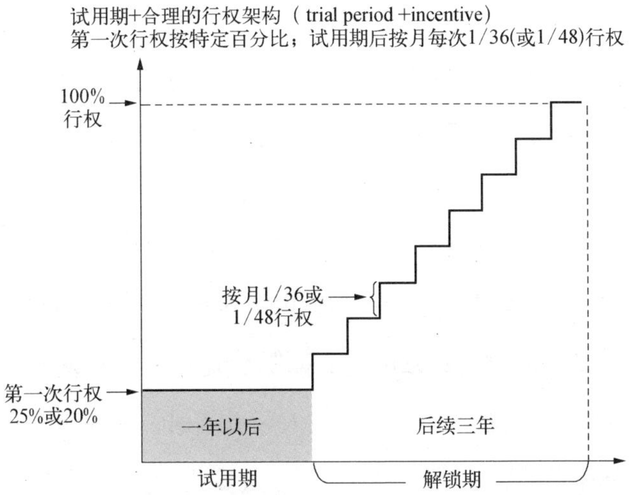

图3-17　悬崖式解锁模式（cliff-vesting）

这样设计的主要目的到底为何？其实，此类解锁设计的重点，除了在于强调及时“激励”之外，更为重要的是，同时还能起到“筛选”“淘汰”和“留人”的作用。所谓“筛选”人才，是因为通常“悬崖式”解锁的初次授予发生在新进员工入职后的一年或两年，在这段“试用期”内公司和新进员工可以相互了解是否匹配和胜任，如果新员工在“试用期”内的表现未达预期，则无法解锁首批的股权，也就意味着已被筛选出局。如果该新员工的能力和业绩经过这段时间得到了公司认可，便可解锁首批股权。随后每月按剩余部分的1/36或1/48

节奏来解锁，对这些“能力已被验证”的员工来说，这种适量高频的及时激励，更多起到了“留人”的作用。员工心中随时会期待着那批下个月马上会解锁的股权，尤其对于中基层员工而言，这是非常强大而持续的激励！

对于那些创业型、处于快速成长期的企业，或人才流动率较高的行业，悬崖式解锁尤为适用。不断加入的新员工可以用首批解锁的绩效指标来筛选；而随后几年中每月发放的“奖励”，使得员工遇到猎头来“挖人”诱惑时，往往顾虑到下个月快要到手的股权，更会愿意想一想，再等等。而这么一等，就会减低不必要的冲动，也因此起到留住人才的作用，是非常好的设计。就保留、淘汰而言，悬崖式的解锁是按月解锁。当淘汰员工是必要的手段时，按月解锁可以免除“人情债”的压力，当月到期解锁 1/48 就可当天离职，这样我们便可以理解为何悬崖式解锁在高科技行业尤为常见。

> 无论是先低后高、悬崖式解锁还是加速行权，这些解锁模式都已经在欧美企业中相当常见，但在国内尚未普及应用，而事实上，政策法律和证监会要求均未对前述几类状况明文禁止，因此我们建议企业大可根据自身的适用性来参考、灵活设计。

有效期

所谓的有效期，是指股票期权和限制性股票授予之日起，至所有股票期权行权或注销和限制性股票解锁或回购注销完毕之日止的时间段。在欧美企业，很多期权激励计划的有效期会长达10年之久。然而国内上市企业的股权激励计划，绝大多数有效期的设计只到最后一批解锁后的1年为止。而实际上很多人还不清楚，这种“短有效期”的设计对期权激励的效果影响甚大。下面以表3–11中典型上市公司股权激励计划来说明。

表3–11 国内某上市公司股权激励计划

阶段名称	行权时间	行权比例
第一个行权期	自首次授予日起24个月后的首个交易日起至首次授予日起36个月的最后一个交易日止	1/4
第二个行权期	自首次授予日起36个月后的首个交易日起至首次授予日起48个月的最后一个交易日止	1/4
第三个行权期	自首次授予日起48个月后的首个交易日起至首次授予日起60个月的最后一个交易日止	1/4
第四个行权期	自首次授予日起60个月后的首个交易日起至首次授予日起72个月的最后一个交易日止	1/4

- 本激励计划的有效期为6年，自股票期权授予之日起计算。
- 在股票期权授予日后24个月为等待期，等待期满后为行权期。股票期权自授予日起满24个月后（即等待期后），激励对象应在未来48个月内分四期行权。

国内股权激励计划往往会采用这种“短有效期”的设计，很多公司要求一旦解锁后，每批期权相应可行权的时间通常只有短短的1～2年，意在迫使管理团队必须在可解锁后1～2年内作出成绩，股价上涨后行权才能将个人利益最大化。但如此设计的不利因素又在于，假如到了预设可以行权的时间点，股价低迷甚至跌破原先设定的行权价，而可行权有效期又只有1～2年，此时管理层很难看到股价上升超过行权价较多的可能性，反而可能带来负激励的作用，这也间接解释了为何不少国内上市公司的股权激励方案在启动后无声失效和最终废除的原因。

考核周期——如何给？

前文详细讨论了股权激励的解锁模式和周期，但是股权激励设计中的一个相当关键的周期“考核周期的长短”很容易被忽略和误设。

考核周期的长短：长期激励应配搭“长考核周期”

根据我们自己的研究（见表3-12），S&P1500的美国上市企业中近70%的企业使用3年及3年以上的股权激励考核期，约有25%的企业的股权激励考核周期小于3年。可以说绝大多数美国企业的长期股权激励设计中，考核周期多为3年，也就是股权的解锁会由企业未来3年的业绩完成度来决定，这种设计能够引导高管做长期决策而非仅仅追逐短期业绩表现。

从国内上市企业的股权激励数据来看，几乎所有企业都只考核单个特定年度的业绩情况，很少会关注过往3年的整体业绩或使用滚动复合指标。考核期长短的差异实则与方案的等待期/锁定期长短直接相关：美国上市公司的锁定期大多为3年，自然有更长的时间跨度进行考核；而国内上市公司往往只设置1年的等待期（证监会的最低要求是12个月），故考核周期最多也只能设为1年，因为从逻辑上来说，若要考核在股权激励发布前的过往业绩不太可行。因此我们会建议企业需要把“等待期”和考核期综合配套设计，转变思路作长期考量，以避免“短考核期”可能引发的高风险短视行为。

何时使用较短的考核周期？

在研究数据中其实还有约20%的S&P1500美国上市公司会使用1年左右的股权激励考核期限，类似国内上市公司12个

表3-12 S&P1500企业高管股权激励计划的考核周期

	考核期限长度（年）(Length of Performance Period (years))				
	≤1	2	3	4	≥5
2006–2008	82 (18.9%)	27 (6.2%)	287 (66.0%)	19 (4.4%)	20 (4.6%)
2009–2013	210 (20.9%)	37 (3.7%)	701 (69.6%)	26 (2.6%)	33 (3.3%)
2006–2013	292 (20.2%)	64 (4.4%)	988 (68.5%)	45 (3.1%)	53 (3.7%)

资料来源：Zhan Gao, Yuhchang Hwang & Wu, Wan-Ting "Contractual Features of CEO Performance-Vested Equity Compensation," Journal of Contemporary Accounting and Economics, Volume 13, Issue 3, December 2017, Pages 282–303). http: //www.sciencedirect.com/science/article/pii/S1815566917300346.

注：实线框内为考核周期3年及3年以上的占比。

月等待期和考核期的设计。那么到底在哪些情况下，长期激励应考虑使用较短的考核周期呢？到底哪些客观的经济或运营环境促使企业会采用"短考核周期"来解锁股权激励呢？这是一个非常有趣的实证问题，于是我们收集了S&P1500美国上市企业大约7年的数据做了详尽的研究分析，得出以下的结论：当股权激励计划中"筛选人才"的目的和重要性与"激励人才"同等时，设计"短考核周期"的概率会更高。

高管激励，筛选还是激励？

这个逻辑非常清晰易懂，企业任用的若是新进高管，此时验证高管是否“合适”就非常重要，董事会最担心的状况是“没有能力”的高管被误判为“有能力”而长期任职。错误的高管聘用决策，对企业来说风险和机会成本都极高，对企业未来发展的影响也极大！采用“短考核周期”可以让董事会更敏捷更有弹性地决定高管人员的去留，一旦发现人才不合宜便可以迅速终止聘用关系。这种设计与企业使用3～6个月的试用期来筛选合适的新聘员工非常接近。相反地，如果高管是由“老员工”内部提拔且已任职一段时间，董事会对其能力和胜任度的判断应当会是比较可靠。从我们的实证研究可以印证，“短考核期限”的使用大多与“人才筛选”相关联。从我们自己的研究报告中节选部分的统计分析（见表3-13），我们发现企业使用短考核期限主要发生在以下几种情形。

（1）企业替换新的CEO的时候（expected productivity-new）。

（2）CEO任职之前的企业业绩远远低于行业的平均水平（expected productivity-abnROA）。

（3）行业高管相对的流动性较高的时候（alternative employment-NPeer）。

表3-13　绩效考核周期长度的决定因素：Logit回归分析

(Determinants of the Performance Period Length in PBEA: Logit Regression)

Panel A: Estimation Results

变量 (Variables)	Exp. Sign	Dependent: *ShortPP* (1) All PBEAs 系数 (Coefficient)	(1) All PBEAs 边际效应 (Marginal Effect)	(2) Largest PBRS 系数 (Coefficient)	(2) Largest PBRS 边际效应 (Marginal Effect)
H1: Expected Productivity					
AbnROA	−	−3.319***	−0.640***	−3.675***	−0.690***
		(−3.05)	(−3.04)	(−2.96)	(−2.94)
New	+	0.146*	0.029*	0.196**	0.038**
		(1.50)	(1.48)	(1.81)	(1.79)
H2: Alternative Employment					
NPeer	+	0.002***	0.000***	0.002**	0.000**
		(2.28)	(2.29)	(1.83)	(1.83)
Mobility	+	0.832	0.161	0.874	0.164
		(0.91)	(0.91)	(0.86)	(0.86)
H3: Uncertainty					
FirmAge	−	−0.017***	−0.003***	−0.015***	−0.003***
		(−2.78)	(−2.80)	(−2.66)	(−2.70)
AdjRetSTD	+	9.541*	1.840*	9.651	1.813*
		(1.33)	(1.34)	(1.27)	(1.29)
H4: Productivity Dispersion					
PaySTD	+	0.018**	0.004**	0.014	0.003
		(1.72)	(1.70)	(1.14)	(1.14)
Other Contractual Features					
Market	−	−1.752***	−0.293***	−2.143***	−0.327***
		(−9.68)	(−10.53)	(−12.91)	(−13.82)
VestLen	−	−1.790***	−0.345***	−1.953***	−0.367***
		(−8.54)	(−9.56)	(−7.21)	(−8.13)

资料来源：Evans II, John Harry, Zhan Gao, Yuhchang Hwang, & Wan-Ting Wu, "Performance Periods in CEO Performance-Based Equity Awards: Theory and Evidence," The Accounting Review, March. http://aaajournals.org/doi/abs/10.2308/accr-51839?code=aaan-site。

（4）企业运营面临巨大风险（uncertainty-firmage）。

（5）行业人才“能力”的分布差异极其巨大（productivity dispersion-paySTD）。

新高管的任用、高管以往任职企业业绩的表现、企业面临巨大的不确定性、行业人才能力分布的极端化，等等。略加思考很容易发现，以上所罗列的几种“变量”均和“人才筛选”有密切的关联。换句话说，筛选人才越重要，企业越有可能会使用“较短的考核周期”。研究中也同时考虑到高管劳动力市场的特征，当行业内高管跳槽特别容易，就业机会特别多时，考核周期也就相对的短。毕竟“好聚好散”对双方都有好处，短考核周期让双方试错的成本明显地降下来！

总结：我们的研究发现，超过75%美国上市企业的股权激励采用了“长考核周期”。因此，按绩效授予的长期股权激励，我们建议应该尽可能拉长考核期限、拉长等待期。毕竟长期激励的目的主要是引导高管能够放长决策周期，着眼于长期的战略决策。然而，如果高管的“人才筛选”是企业所面临的要务时，我们的确应当考虑缩短考核的周期，因为“短考核周期”可以降低企业的“试错成本”、快速淘汰不合宜的新聘高管。

授予方式——如何给？

授予方式可以采取现金奖金置换股权+配股的方式。

若是以现金奖金置换股权，我们建议应当以自愿为主。每个人风险偏好不同，一刀切式的置换必定是次优的选择。更重要的是，“自愿置换”反映出管理团队对企业的信心与对企业的承诺。选择置换比例低的，或者是不愿意置换的，一般我们预期他们对自己，或是企业的信心不足，预期与企业的关系甚至忠诚度是更短期的。可以说“自愿置换”的设计相当巧妙地达到了“选人+激励+留人”的多重作用。

有些公司会采取比较粗暴的“定额强制持股”的做法，比如欧美企业对于部分重要高管也会采取“强制持股”的方法，一般会有部分股权“沉淀”在某基金池内，这部分股权可能只能在离职后才能兑现，甚至有些要到退休时方可提取，这种都是为了防止高管决策失误带来后续产生巨大风险的锁定。对于高管“锁定”我们可以借鉴采用：① 现金奖金的部分递延发放，每年部分奖金滚动到后一年奖金基数中（可参照后文UBS的递延方法）；② 现金奖金的部分转化为公司限制股，但必须让员工有选择自由度，且公司给予折扣价或配送股。否则任何非自愿的设计都容易引起员工的反感，让人感觉公司强迫把他已经挣得的奖金再吐回去。

可以考虑设定“最高置换百分比”，以及“人才盘点、业绩条件”与置换比例的函数关系，在一定整体规则下让管理团队自由置换，管理层置换选择的比率将会是有趣（有用）的数据。举个例子，公司可以要求部分重要岗位（C×O，如CFO、CEO等）10%的奖金强制换股。但必须注意，这个比例不能太高，置换成的限制股也只能按时间解锁，不可以再加绩效条件。同时强调所有计划中的高管，可以自由选择个人年奖金中置换股票的比例，公司只限定最高可置换比例不超过个人年终奖的50%。

虚拟股

虚拟股是按照公司内部协议给予员工（激励对象）一定具有分红权或兼有溢价增值权的内部“虚拟股份”，不是在工商注册的实际股权，激励对象也并非持有实际股权的公司股东。如果离职，这些虚拟股或作废或按约定价变现，员工无法带走，也就是俗称的“身股”“干股”。目前企业实务操作的虚拟股大致可以分为以下几类。

虚拟股的几种形式

（1）分红权——利润分享。目前很多公司推行的“虚拟股”实质上属于激励对象持有一定数量份额的分红权益，这种虚拟股往往由公司赠予，员工无须出资。公司会约定每年一定百分比的利润作为虚拟股的分红池，激励对象按照持有的虚拟股数量在分红池内进行分配。

这种“利润分享”的模式，先要确定分红池（激励总额）的大小，通常可以按照：①“利润共享”——利润的固定百分比提取（如净利润15%做分红池）；或按利润达成情况逐层放大提取比例（利润完成3亿元，则提取利润的10%来分红；利润完成3.5亿，则提取利润的12%来分红等）。②“超额利润分享”——利润目标以外超额部分进行分红（如超额利润的40%做分红池）。

而虚拟股的个人分配额度，大致可以参照前述期股权的方法，通过岗位级别、原有贡献度、市场对标等因素来确定，最重要的是虚拟股同样需要设定考核周期和业绩条件，按未来考核期内的贡献值来动态调整激励对象所持的虚拟股股数，更通俗的比喻是“攒积分”，用能力验证和业绩达成来“换积分”。

“纯分红虚拟股”操作起来相对简单灵活，不少企业会按单个年度业绩来分红，这样设计就偏向短期即得、现金形式的激励，根据我们前面的理论，应当更适用于一些短期属性的商业模式、员工群体。若企业是把“分红型虚拟股”定位成一种“长期激励”工具，建议还是应当在解锁周期和考核指标的设计上考虑更多的长期导向。

但这种模式也存在一些弊端和限制，对员工来说无须出资也没有对赌约束，若企业盈利丰厚则大家分红，若整体业绩不达标或亏损，员工顶多也就不拿分红，没有任何“风险共担”。因此，我们认为纯分红的虚拟股更适用于中基层员工的激励，而决策影响较大的高管层，建议还是加入一定程度“共荣共损”的约束。

（2）溢价增值权——股票增值权（stock appreciation rights，SARS）。股票增值权通常适用于上市公司，通常以授予日的二级市场股价为基准，授予后一定周期内公司股价上涨超过预先设定的行权价/基准价，激励对象方可行权获得授予日至行权日相应股票溢价的增值收益；若跌破行权价/基准价，则激励对象没有收益，由于股票增值权属于不用出资购买的“虚拟股”，因此员工也就无须承担股价下跌的风险和损失。

（3）溢价增值权（+分红权）——绩效单元/绩效股票

（performance units）。按照员工达成长期绩效目标的程度，员工获得一定数量的绩效单位。绩效单位的持有者有权利在一定时期后获得单位的部分或全部的价值。员工最终收益的价值是随着公司业绩完成情况和股票价格（如果是绩效股票）的变化而改动。

（4）出资增值权（+分红权）。这类拥有增值权的虚拟股需要员工出资购买，同时应当设定一定的业绩解锁条件和时间限制（见表3-14）。

表3-14　虚拟股的类型与特点

虚拟股权利	激励形式	特　点	适用	员工出资
分红权	利润共享		上市企业/非上市	无须出资
	超额利润共享			
增值权（+分红权）	股票增值权	设置行权价，只有高于行权价，员工方可行权获得增值收益，但员工不承担股价下跌造成的风险；员工权利：获得一定时期内一定数量公司股票市场价值增长的权利；员工收益：授予日至行权日内公司股票增值的等同价值现金/股票	上市企业	无须出资
	绩效单元/绩效股票	绩效股票–价值基于公司股价 绩效单元–价值不基于公司股价	上市企业	
			非上市	需要出资

虚拟股的定价（关于出资和退出回购价）

虚拟股对上市公司而言所面临的主要挑战：如何确定虚拟股的价值？毕竟企业必须要将它费用化。一般估值的复杂度取决于该虚拟股所选取的核心考核指标。一般在北美咨询公司往往采用复杂的财务模型来模拟分析、估值（Monte Carlo Simulation Analysis）。

其中，上市公司较多采用“绩效股票/单元”的虚拟股，通常会以“虚拟的股价”来计算。譬如，初始股价定价为每股$1，而未来价格的变化就按照公司在公开市场的股价变化，或整体市场指数/行业指数增长百分比来决定。

对于非上市公司来说，虚拟股的价值通常可以依据：① 净资产额；② 本轮估值，来确定。对于准备未来上市的企业以资本市场估值为计价的标准较为合适，毕竟激励的主要目的是上市，做大市值。

作为典型国内非上市企业，华为的绝对股权由“工会”组织持有，而其虚拟股仅仅以公司的净资产额来计价。华为虚拟股赋予员工“分红权”和基于公司净值的增值权。

虚拟股的收益兑换与退出

虚拟股的分红权除了以上述约定利润池分享的模式外，还可以将虚拟股和实股放在一起分蛋糕，也就是虚拟股的持有者和实股股东一样进行分红。通常做法是先将公司的股本虚拟为一定数量的股份a股。考虑到激励对象的心理感受，总股数等量级不能太小，建议设为100万股以上（试想获授100股中的2股和100万股中的2万股的心理差异）。原始股东占有的实股就是这个基本股数a，同时考虑增发一定数量的“虚拟股”用于激励管理团队，虚拟股股数b。需要绝对小心这个a和b的相对比例，因为它直接影响到股东和激励对象的分红权重关系。举例，将净资产额虚拟为1 000万股，接下来增发200万股用于激励管理团队的“虚拟股”。如果当年可分红利润为1 200万，则有两种分红模式：1 000股（实股）+200股（虚拟股）。

① 1 200/（1 000+200）=1元，虚拟股分红200股 ×1元=200万

② 1 200/1 000=1.2元，虚拟股分红200股 ×1.2元=240万

虚拟股增值收益的兑换方式通常为现金形式或股权形式。若虚拟股的增值权收益是以股权形式发放，公司需要通过增发新股或者从市场购入股票，如果增发新股则原有股东权益将被稀释。虚拟股收益若是以现金的形式兑付，则不需考虑兑付股票实际的来源，如此或可减低企业受到证监会对发行新股或公

开市场赎回和公告的限制。与此同时公司将有现金流出，则需要准备相应充分的现金来兑付。

虚拟股转实股（母公司股票）：虚拟股的授予对象在一定周期内业绩达标或能力被验证为杰出人才；出于留人绑定的目的，公司可以考虑将其所持的虚拟股置换为实股，或是部分以现金给付。一般我们建议可以考虑将“置换实股”的选择权给予被激励对象。也就是“能力已被认可”的激励对象可以自由选择一定百分比虚拟股利来兑换成限制股股权。对未上市的子公司管理层，可以考虑部分虚拟股置换成集团/母公司上市公司的股票。

华为的TUP（Time Unit Plan）：华为的虚拟股设计的亮点在于，其后续升级推出“强制退出结算”的TUP。为了解决手上的虚拟股数量不断累积的老员工出现惰性“躺着分红”，华为在2008年推出了“饱和配股制”，即规定各个级别配股的上限。又在2014年实行TUP，要求持有者在未来若干年计划中逐步退出兑现，不可以全额长期持有，到期的虚拟股必须结算清零。

小案例：马拉松石油的虚拟股——跑赢市场的特别奖金

以马拉松石油公司（Marathon Oil Company）的虚拟股设计为例，这是非常典型而又在国内比较少见的设计。简单来说，假定管理层的业绩达到预先设定的目标值时，虚拟股价预设为$1。每股股价区间定义在$0 ～ $2之间，而最终的股价取决于马拉松石油的市场股价跑赢或跑输“对标石油公司股价指数”，以此来按比例增（减）值。业绩若超过或低于目标值，则按比例调整虚拟股价（$0 ～ $2），每股$2为封顶值。

根据马拉松石油公司披露的年度报告（proxy statement），薪酬委员会选择9 家竞争对手作为对标公司，基本上都是行业内领先的企业（见图3–18）。

• BP plc	• HollyFrontier Corporation	• Royal Dutch Shell plc
• Chevron Corporation	• Koch Industries, Inc.	• Tesoro Corporation
• ExxonMobil Corporation	• Phillips 66	• Valero Energy Corporation

图3–18　马拉松石油公司的9家对标企业

具体的“业绩的指标”，是根据马拉松石油3年的股东总回报（total shareholder return，TSR）与对标公司指数中所有公司3年总回报相互赛马来决定。股东回报的计算是根据4 个样本点的平均值：① 满12个月时的TSR；② 满 24个月时的TSR；③ 满 36个月时的TSR；④ 36个月的综合TSR。

授予虚拟股数的计算方法：根据马拉松石油 TSR和对标样本公司TSR赛马决定排名位置。当排名达到50%（中位）时，可兑付100% 目标奖金股票（事先约定，按级别和职别设立目标股数）。排名在100%（第一名）可以兑付 200% 的目标奖金股票，排名低于25%分位，可兑付额为0。当TSR为负数时，不论排名为何，最高仅可拿目标值的100%（见图3-19）。

TSR排名分位 (TSR Percentile)	兑付比例% (Payout (% of Target))
100th (Highest)	200%
50th	100%
25th	50%
Below 25th	0%

图3-19　马拉松石油公司TSR排名与兑付比例

个别TSR的计算是根据：

$$\frac{（期末股价\ -\ 期初股价）+\ 配送股息}{起初股价}$$

虚拟股价的计算：根据四个样本点计算出来的兑付% 决定了虚拟股的股价（见表3-15）。换而言之，假设马拉松石油公司未来3年股东总回报TSR分别为44.1、3.2、20.2、77.6，对应的排名为3^{rd}、3rd、4th、3rd。那么相对应兑付的百分比的四个样本平均值为143.75%。那么对应虚拟股股价将会设定为每股$ 1.437 5。

表3-15 马拉松石油公司虚拟股价的计算

考核期限	实际TSR/%	排名	排名分位/%	兑付比例/%
2013.1.1—2013.12.31	44.1	3rd	75.00	150.00
2014.1.1—2014.12.31	3.2	3rd	75.00	150.00
2015.1.1—2015.12.31	20.2	4th	62.50	125.00
2016.1.1—2016.12.31	77.6	3rd	75.00	150.00
平均值				143.75

兑付的方式：最后关于兑付方式则可直接按虚拟股价乘以实际授予股数进行兑付，即虚拟股价1.437 5元 × 目标授予股数 × 兑付的百分比143.75%，也可以说是一种变相的以跑赢市场的程度来计算兑付的现金奖金（见表3-16）。兑付的形式可以用分期递延兑付，也可以用“部分现金+部分转化为实股”的方式来长期锁定。根据马拉松石油（MPC）的做法，25% 的兑现以马拉松的实股支付，75% 以现金支付。

表3-16 马拉松石油公司虚拟股价的兑付方式

长期激励工具（LTI Award Vehicle）	归属形式（Form of Settlement）	薪酬兑付方式（Compensation Realized）
绩效单位（MPC Performance Units）	25%以实股兑付，75%以现金支付（25% in MPC common stock; and 75% in cash）	根据竞争对手排名高低来决定发放的绩效单位的价格（在0～2美元之间）（$0.00 to $2.00 per unit based on our relative ranking among a group of peer companies）

退出机制与回购价格

退出条款和回购价格尽量在《股权协议》中事先确定，提前明确各种情况下退出的公司员工所有的权利，明确详细的回购价格的计算方法，避免各方因事先没有约定而产生争议。以下根据可能发生的不同情况提供几个处理建议供参考（见表3-17）。

表3-17　退出与回购的几种不同情况

<table>
<tr><th colspan="2" rowspan="2">情　况</th><th colspan="2">激励对象股份归属处理</th></tr>
<tr><th>已解锁部分</th><th>未解锁部分</th></tr>
<tr><td rowspan="4">个人情况</td><td>• 职务变更，但仍在激励范围内</td><td>不变</td><td>不变</td></tr>
<tr><td>• 被调派（非自愿），不在激励计划的公司内</td><td>不变</td><td>按事先约定加速行权</td></tr>
<tr><td>• 主动离职
• 聘用合同到期，因个人原因不再续聘</td><td rowspan="2">• 已解锁但未行权的期权：可要求在一定期限内选择是否行权（如离职前）；如员工决定不行权，由公司回收
• 已解锁的限制股/已行权的期权：可约定员工离职时，公司有权按照约定的价格，对员工持有的股权进行回购</td><td rowspan="2">取消</td></tr>
<tr><td>• 非自愿离职（因不胜任、业绩不达标被辞退）</td></tr>
</table>

（续表）

<table>
<tr><th colspan="2" rowspan="2">情　况</th><th colspan="2">激励对象股份归属处理</th></tr>
<tr><th>已解锁部分</th><th>未解锁部分</th></tr>
<tr><td rowspan="3">个人情况</td><td>• 个人重大过失：触犯法律、泄露公司机密、失职或渎职等行为严重损害公司利益或声誉而导致的职务变更</td><td>全部回购（低价）/全部没收</td><td>取消</td></tr>
<tr><td>• 退休离职
•（非因工）丧失劳动能力或死亡</td><td>不变/可按授予价格回购</td><td>可按原计划解锁</td></tr>
<tr><td>• 因工丧失劳动能力或死亡</td><td>不变/可按授予价格回购</td><td>取消</td></tr>
<tr><td rowspan="3">公司情况</td><td>• 公司出现监管部门规定的违规禁止行为</td><td colspan="2">• 计划终止
• 激励对象已获授权但尚未行权解锁的股票收回</td></tr>
<tr><td>• 公司上市IPO</td><td colspan="2">• 已解锁股权通过二级市场变现
• 受限于上市公司股权激励政策的规定，包括禁售期、每年变现额度的限制</td></tr>
<tr><td>• 控制权发生变更：公司被出售、并购或控股权重大变更</td><td colspan="2">• 可按事先约定加速行权，或期权“滚动”并入新企业
• 可按事先约定价格置换股权或变现（换股条款、按估值折价）
• 最终由股东大会或授权董事会确定本计划的继续执行、修订、中止或终止</td></tr>
</table>

如果高管仍在考核期内自愿离开，则视为还没有履行完承诺的责任义务中途离场，可能对公司运营和业绩造成一定影响，可以取消所有未行权的授予股数。在考核期后才退出，对于已经授予但尚未行权的部分（特别是期权），可以强制要求在一定时间内行权（如30天或90天内行权）。一般留任时间越长，回购价格越合理。对于因重大过失或对公司造成巨大损失的情况，一般会订立“惩罚性条款”，比如强行没收，偿还已行权部分的一定占比的股权，剩余的强制没收。

对未上市公司，通常回购价可以按以下几种参数来计算：

① 入股时投入资金，可按基准利率加上一定的利息；

② 退出时公司的净资产（最近一次财报数字）；

③ 退出时公司的净利润（最近一次财报数字）；

④ 退出时公司的净主营业务收入（最近一次财报数字）；

⑤ 公司上一轮的估值乘以一定系数的折扣价。

为了避免单一事先约定的回购价格受到公司运营状况的巨大变化而有失公允，建议提前设置多个回购价参数及相应的计算公式，按照孰高或孰低原则来确定最终的回购价格（见表3-18）。

表3-18 不同退出情况下回购价格的参考计算方法

退出情况	回购价格
非正常退出（被动辞职/违纪）： 强制回购全部股份，公司保留追究其法律责任的一切权利	回购价格=退出人士持股百分比 × 公司上一年末净资产额
非正常退出（意外事件）： 全部转出份额	回购价格=退出人士持股百分比 × 公司上一年末净资产额 但不得低于退出人士的原始出资成本
正常退出（主动辞职） （1）业绩考核期内该等转让每12个月不得超过所持项目公司股权总数的1/4	回购价格=退出人士持股百分比 × 公司上一年末净资产额 × 转让系数α，可以低于出售方的原始出资成本 • 若股权转让日至业绩考核期结束不满1年，α为0.8 • 若为1年及以上不满2年，α为0.6 • 若为2年及以上不足3年，α为0.4
（2）业绩考核期满，业绩目标未达成	回购价格=退出人士持股百分比 × 公司上一年末净资产额 可以低于出售方的原始出资成本
（3）业绩考核期满，业绩目标达成 （参考方案一）	转让价格=持股百分比 × 公司上一年末净资产额 × 转让系数β（行业市盈率），但不得低于出售方的原始出资成本 *股权转让系数β的值，取决于上一年度与公司处于同类或相类似行业A股上市公司的市盈率=退出事件前3年平均市盈率数值之总和除以3 （如股权转让日为2016年，则股权转让系数β=[（36.25{2015年}+26.5{2014年}+23.25{2013年}）/ 3]≈28.67）

（续表）

退出情况	回购价格
（参考方案二）	转让价格取以下孰高： A. 持股百分比 × 公司上一年末净资产额 B. 持股百分比 × 净资产额 × 行业上市公司平均市盈率 × 转让系数 c * 股权转让系数 c 的值，取决于考核期多年利润指标和战略指标完成度 • 若3年利润目标累计达成，c 为0.5； • 若3年利润目标累计达成，且3年战略目标达成80%以上，c 为0.7； • 若当时有引进PE，则在协商一致前提下根据公司估值进行调整

接下来，以几个综合案例（涵盖北美及国内企业）来汇总、印证前面章节所讨论过的有关高管激励机制设计要点。

第4章

综合案例

案例1：宝洁（P&G）2014年高管按绩效授予的长期股权计划

从宝洁公司和美国证监会的披露报告中可以看到，宝洁及其薪酬委员会（compensation & leadership development committee, C&LD）根据宝洁旗下21个事业部所汇报的预期业绩目标的评估结果，同时考核公司整体业绩与对标同行（快消品）的排名，来决定每位重要"提名高管"（named executive officers，NEO）个人最终所能获得的长期股权激励（performance stock program，PSP）的份额。

按什么给——按绩效授予：宝洁高管股权激励的设计是一个非常典型的"按绩效授予"的设计。其主要的考核指标可以分为四大类：① 销售的有机增长（organic sales growth）；② 税前营业利润率；③ 每股核心盈利（core EPS）；④ 经营现金流。所谓"按绩效授予"的主要特征在于，高管实际获取的股权份额将会随着未来实际业绩完成率而"浮动"调整，这和国内普遍的设计完全不同，我们通常是授予管理层每批固定的股数，业绩完成就全部解锁，一旦不达标，什么也没有。这种事先设定业绩换算系数的解锁设计显然更为合理。

如何给——长考核期限：宝洁2014年长期股权激励（performance stock plan，PSP）的考核周期为3年（2014年6月—2017年7月），也就是这项长期股权的解锁是依据未来3年业绩的完成情况来决定。

给多少：宝洁P&G的“按绩效授予”股权激励的设计是，首先根据设定的业绩目标决定预期目标股数。然后薪酬委员会在考核周期完成后，按实际业绩和薪酬委员会预先设定的业绩目标相对比，得到一个业绩的百分点（可大于或小于100%）；高管实际获取的股数则根据目标股数（target shares）来定。高管业绩计算是根据每一个绩效类别因子加权平均。每一类别的分数分布值是介于0%～200%。

简而言之，提名高管最高可获得股权的机会的市值将会是他固定年薪的二倍。最终获取的数目和金额是按实际业绩和目标值对比来决定。假若各业绩类别都刚好完成薪酬委员会在授予日所设定的业绩目标（譬如每股盈利$6）；管理层所获得的考核分数将会是100%。当业绩位于最低和最高可获得分数之间（0%～200%），考核结果将会是通过线性插值来确定。最终四大类别KPI的加权分数决定了高管最终业绩的分数百分比和获取的股数。使用滑动尺标来考核，而不是设定“全部或完全没有”的业绩目标，可以避免管理层冒不必要的风险（或是业绩作假）来确保自己能够获取激励计划下的支付。在每3年考核周期执行结束时，薪酬委员会将四个业绩因子的平均值乘以初始目标PSU授权，以确定既得的PSU（见表4-1）。

表4-1　2014年6月—2017年7月三年绩效考核周期内的PSP目标与奖金兑付

2014年6月—2017年7月三年绩效考核周期内的PSP目标与奖金兑付关系（PSP Goals for Performance Period July 1, 2014-June 30, 2017）							
有机销售增长（Organic Sales Growth）		核心税前营业利润（Core Before-Tax Operating Profit）		核心每股盈余（Core EPS）		调整后的自由现金流实现的生产率（Adjusted Free Cash Flow Productivity）	
排名分位（Percentile Rank in Peer Group）	兑付系数（Payout Factor）	增长率（Growth %）	兑付系数（Payout Factor）	增长率（Growth %）	兑付系数（Payout Factor）	增长率（Growth %）	兑付系数（Payout Factor）
100th	200%	≥8.0	200%	≥9.0	200%	≥115	200%
86th	167%	7.0	167%	8.0	167%	107	167%
71st	133%	6.0	133%	7.0	133%	98	133%
Target 57th	100%	Target 5.0	100%	Target 6.0	100%	Target 90	100%
43rd	67%	4.0	67%	5.0	67%	82	67%
29th	33%	3.0	33%	4.0	33%	73	33%
≤14th	0%	≤2.0	0%	≤3.0	0%	≤65	0%

（1）衡量销售增长的“有机销售增长”指标是指排除并购、资产剥离、外汇相关损益和其他（销售数字视情况而定）某些影响其非经常损益的项目同比数字，并将基于对标同行业和按事先设定一组直接竞争对手的快消品公司3年复合年增长率（相对有机销售增长率）的百分位数排名。

（2）核心税前营业利润将根据税前营业利润的3年复合年增长率进行调整，并排除被公司视为不可持续业绩的项目。

（3）每股核心盈利增长是衡量公司持续经营增长的每股摊薄净收益的指标，此数字是排除某些不被视为公司可持续业绩的一部分项目进行了调整，其计算是基于3年复合年增长率。

（4）调整后的自由现金流量实现的生产率是基于经营现金流3年总和。它不包括（视情况而定）某些资本支出以及某些费用的净收益之和的影响（视情况而定）。

自由选择权：除CEO以外，有资格参与股权激励的宝洁高管（NEO），都可以在授予日同等公允市值下自由选择股权激励的形式，被授予“限制股”或是“股票期权”。同时还规定高管若选择“期权”，等待期3年后业绩目标完成方能解锁，若选“限制股”，锁定期则为5年。可以说，自由选择权是宝洁股权激励设计的一大亮点。事实上将选择权置于高管的手中，对宝洁整体的“激励成本/费用”而言没有任何影响。因为不论是选择股权还是期权，二者在授予日的经济估值的成本是完全一样的。稍有差异在于，根据上一章所述的B-S估值模型测算，高管若是选择期权，可获得的股数将大约是选择获得限制股的5倍。

在“股权激励的形式和工具”一节讨论限制股和期权的异同时，可以清晰地看到在“自由选择权”下，选择限制股的高管一般抱有“看跌”企业的心态；相反地，选择期权的高管则是“看涨”企业的未来。因此，宝洁要求选择“限制股”的高管必须接受更长的锁定期是非常合理的设计！这样设计的重点在于降低高管选择“限制股”所可能造成的道德风险，更重要的是拉长解锁期也同时起到“留人锁定”的作用。另外，基于管理团队的选择行为，一部分也可以作为未来人才选拔的依据。

案例Ⅱ：美的集团的股权激励

股权激励常态化：美的集团从上市以后2014—2018年间总共已经做了5轮的针对核心员工的股票期权激励，而且是每一年都推出新的一轮，很明显美的已经把股权激励当作一个常态化的运作，这种每年推出股权激励的做法在欧美企业非常普遍（见表4–2）。

表4–2　美的集团的股权激励

	2014 第一期	2015 第二期	2016 第三期	2017 第四期	2018 第五期
激励总量/ 占总股本	40 602 000股 2.41%	84 300 000股 2%	127 530 000股 1.98%	98 982 000股 1.53%	62 080 000股 0.94%
激励人数	693	738	931	1 476	1 341
行权股价	48.79	31.54	21.35	33.72	57.54
本期激励 总成本/元	3.9亿	5.3亿	5.4亿	6.7亿	7.1亿
人均激励成 本/元	57万	72万	58万	45万	53万
当年股权 激励/元 分摊成本/元		1.30亿	3.07亿	4.88亿	5.80亿
当年 净利润/元	105亿	127亿	146亿	172亿	202亿
激励成本/ 净利润/%		1	2.1	2.8	2.8
EPS （2013–4.33）	2.49	2.99 （20.0% ↑）	2.28 （–23.8% ↓）	2.63 （15.4%）	
年底股价	14.63	18.88	25.97	54.23	40.80

我们首先来看激励总量，这个授予的总股数以及相应的激励成本关乎公司能否承受如此的财务费用，也涉及既有股东的利益（对净利润/股价/EPS）的稀释程度；还会影响到整体

的激励力度，所以要根据激励总人数来估算人均获得的激励金额，与各层级员工现金薪酬比较来看，激励的力度是否合适，这是股权激励设计时最关键的两个点。

激励总量：从美的2016年的期权计划来看，激励总量达到1.27亿股，占总流通股的1.98%。简单估算这期激励的费用：行权价格21元，根据BS Model每股期权的成本大概是1/5～1/4，就以4.2元估算，发行1.27亿股期权的成本大概5.4亿元。5.4亿元分3年摊提，每年费用大概在1.8亿，仍在可接受范围内。美的集团连续几年的净利润约120亿～170亿元，而连续几轮股权激励费用叠加，某些年度就需要承担5亿～6亿元的费用（占净利润的4%），这就颇有些压力了。所以确定这个激励总量相当关键，经过测算后需要由决策层慎重考虑财务的承受度。美国上市公司的股权计划绝大多数在1%～2%，建议上市公司不能超过2%，否则扣除股权费用后净利润削减较多，就会对每股盈余EPS造成很大的稀释，直接损害了股东的利益。

激励力度：再来测算一下，美的这轮股权激励股数占流通股数总量的1.98%。如此规模的股权激励对高管能否产生足够的激励？流通股数总量的1.98% 折合总共约1.27亿股，给到近千名核心员工。每个员工每人平均可以拿到大约13万股。

当初授予的期权价值每股4.2元，授予当日的市场价值大约是55万。只要美的股价涨4元，它给管理层创造的价值是平均每人50万元；当股价上涨8元，它所创造的价值就超过百万元了。如此强的激励力度下，美的高管、核心团队，当然会想尽各种办法做出业绩让股价往上冲。2016年期权行权价是21元，2016年美的股价一路从15～25元，到2017年底涨到54元，激励作用似乎非常显著。

总体来说，这个设计相对简单，我们第一个需要搞清楚的问题是企业能够承受多少股权激励相关的费用？对每股盈余（EPS）稀释会有多大的冲击？第二个设计的核心问题是，到底企业能够承担何种程度的激励方案？也就是整体激励方案总股数应当多少才合适？对个别员工而言，所授予的股数是否能够产生足够的激励作用？至于如何回答激励是否足够？一般评估的标准是平均授予每位员工股权的市值大约是固薪的几倍？对核心的高管而言，这个数字一般必须1～2倍！对核心员工，这个数字当然可能会是小于1倍。级别越低这个倍数会是越少的。

激励对象：美的的期权计划主要是针对中高层的核心骨干人员，激励人数从700人到近年的1 400人，包括研发人员、营销人员、制造人员、信息人员。从公告中可以清晰地看到，五轮激励中研发人员占比最大（1/3以上），制造约占1/4，而某些年度则突出授予了信息、品质、供应链条线的骨干，可见激励对象的侧重和选择是直接和企业战略方向、近期需打造的核心能力密切关联。而且每一轮的激励对象可以分批不同，一轮针对高管层，下一轮给到核心员工，第三轮再回到高管，也就是股权激励需不仅仅涉及高管，也要兼顾中层核心员工。美的集团的做法则是对核心员工期权激励的同时，2015—2018年也连续推出四期针对15～20名副总级别的“高管合伙人”持股计划，人均激励在600万元左右（见图4-1）。

行权有效期：再看一下美的期权计划的解锁安排（见表4-3），2014—2016年三期计划都采用了1年等待期，随后分3年匀速解锁（1/3）的模式，而每批解锁的期权都仅有2年的行权时间。如在2016年计划中，根据2016年业绩达成情况于2017年解锁后，这1/3的期权必须在2019年前的2年内行权，否则过时失效。这释放了很强的信号，就是在解锁后的可行权周期内，管理层和核心团队必须把股价做起来（高于行权价格），如果2年内业绩做不出来，手上已解锁的期权就毫无价值。2017年第四期期权计划开始，行权期限更是缩短至一年，短短一年给予管理团队的压力可谓巨大，破釜沉舟之下很可能会激发出某些短期行为。所以这个解锁后的有效期就很关键，

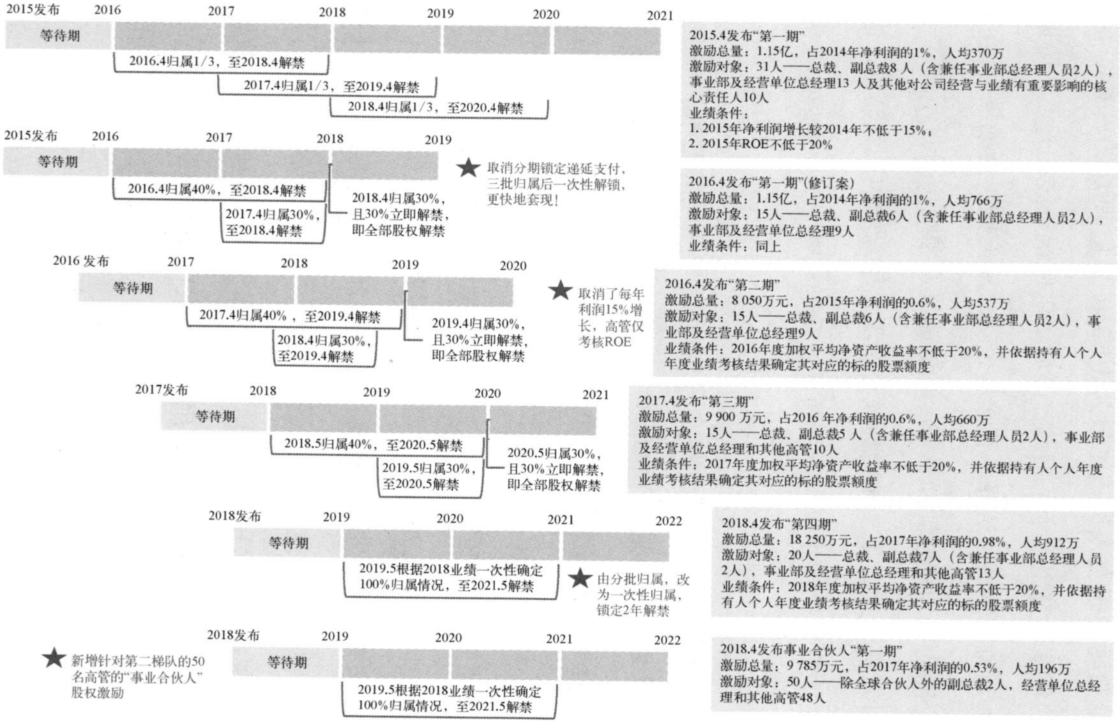

图4-1 美的集团"高管合伙人"持股计划（2015—2018年）

相比之下，美国上市企业一般给予员工5～10年的期限去行权，国内其他上市公司也普遍将有效期设定为3～5年。如果是做真的“长期激励”，就必须要让员工有充分的时间选择合适的股价点进行套现，而不用短时效来逼迫。

解锁模式：到了2018年第五期计划中，美的将等待期拉长到2年，同时改为匀速4年解锁的模式（见表4-3）。这更像通常我们在美国上市公司看到的“长等待期+多解锁批次”模式。行权期拉长到4年也就意味着股权激励费用的摊销年限拉长，企业的每个会计年度的财务压力可以相应减轻。我们确实看到2017年和2018年美的要承受三轮计划叠加的约6亿元费用，但也不排除有些企业希望在市场行情好的时候尽可能快的消化掉激励费用。对于公司的资金压力，不仅仅看激励总量，也还要考虑每年的费用摊销。

业绩条件：2018年计划中，等待期拉长到2年，而2020年第一批解锁的业绩条件也就变成了综合看“2018和2019两个年度的净利润水平”，这比原始只看单一年度的业绩更为合理，也就是使用了“长考核期”方法，业绩数字更加不容易造假。回到前几期激励，可以发现业绩条件也在变换调整：第一期和第二期的解锁条件都需要完成“净利润较去年增长15%，同时保证ROE在20%”，这个目标设的比较激进，很可

表4-3　美的股权激励计划的执行方式

	2014年	2015年	2016年	2017年	2018年
	第一期	第二期	第三期	第四期	第五期
等待期	1年	1年	1年	1年	2年
解锁模式	三年匀速-1/3	三年匀速-1/3	三年匀速-1/3	三年匀速-1/3	四年匀速-1/4
行权有效期	2年	2年	2年	1年	1年
公司业绩条件	2014/2015/2016年度分别： 1. 净利润增长较前一年不低于15%； 2. ROE每年都不低于20%	2015/2016/2017年度分别： 1. 净利润增长较前一年不低于15%； 2. ROE每年都不低于20%； 3. 每一年实现净利润都不低于2014年	2016/2017/2018年度分别：净利润不低于前三个会计年度的平均水平	2017/2018/2019年度分别：净利润不低于前三个会计年度的平均水平	2018&2019/2020/2021/2022年度：净利润不低于前三个会计年度的平均水平
个人业绩条件	N/A	前一年度个人业绩考核得分在B级及以上	前一年度个人业绩考核得分在B级及以上	前一年度个人业绩考核得分在B级及以上	前一年度个人业绩考核得分在B级及以上
所在经营单位业绩条件	N/A	前一年业绩考核： 1. 80分及以上——可行权100%； 2. 低于80分——不可行权	前一年业绩考核： 1. 80分及以上——可行权额度100%； 2. 低于80分——由公司审议并报董事长酌情核准其当年度股票期权的获授予行权	前两个年度业绩考核： 1. “达标”——可行权额度100%； 2. “一般”——可行权额度65%； 3. “较差”——不可行权	前两个年度业绩考核： 1. “达标”——可行权额度100%； 2. “一般”——可行权额度65%； 3. “较差”——不可行权

能市场不好达不成。比较好的设计不应该用15%的绝对数字，而是跟同行业对标，只要跑赢竞争对手就算达标。到2016年第三期计划开始，业绩条件变成一条“净利润不低于前三个会计年度的平均水平”，但其实每一年虽然不能保证持续的2位数高增长，但也不太可能业绩倒退，所以把业绩做到超越过去平均水平管理团队就能解锁期权。这样的业绩条件看起来是按绩效解锁，实质上是按时间解锁的。而被去除的“ROE 20%”指标，则一直在“高管合伙人”计划中用来考核顶层高管（见图4-2）。这五轮计划的调整中，也逐步加入“个人业绩达到B级以上”和“所在事业部业绩到80分才能100%行权”的附加条件，也是为了防止出现“大锅饭”的不公平现象。

评论美的高管股权激励设计：综观美的历年来高管/核心员工的期/股权激励机制设计我们可以总结如下。

（1）美的的设计基本上反映了绝大多数中国内地上市企业的期股权设计；我们可以看到多数的设计也反映出受到证监法的影响。等待期多为12个月：美的所有几轮的股权激励设计“等待期”多是12个月。我们猜测这种设计，基本上是反应证监法规定“等待期不得低于12个月”的要求。此设计最严重的缺陷在于“等待期12个月”，造成其对应的解锁依据“业绩考核周期”或称为“考核期限”也就只能是12个月。因

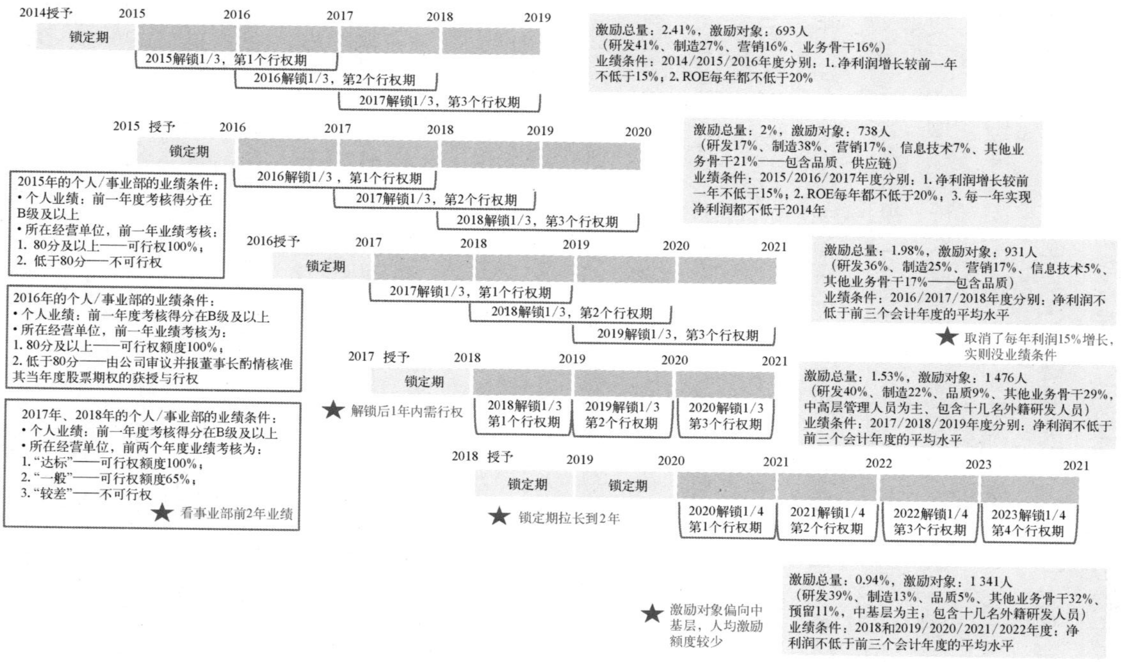

图4-2　美的集团股票期权计划（2014年第一期—2018年第五期）

此限制股或期权解锁时所根据的业绩条件根本上是依据过去12个月的业绩。期/股权是高管长期激励最主要的构成，且占高管总薪酬的比例一般应当是最高的。股权激励的目的是为要将高管的利益与股东长期的利益捆绑在一起，鼓励高管在重大决策过程中能够聚焦“长期”战略目标，而非仅仅追求短期业绩。因此合理的股权激励的“业绩指标”应当是长期导向，最少应当是看企业未来2～3年甚至更久的业绩。当等待期设定仅仅为12个月时，高管为了能够解锁，基本上是只要满足未来12个月要求达成的业绩即可，这是将长期激励工具用短期业绩解锁最矛盾且不合理的地方。

（2）指标选择：美的几轮的设计主要是以“净利润不低于过去3年的平均水平”为核心指标作为股权解锁的条件。这是非常矛盾的一个设计。激励是前瞻性、向前看的。而美的期权的KPI却是向过去看、向后看。我们无法判断到底它的KPI的挑战度如何？但可以肯定的是，根据美的的公告材料，我们是无法将这类KPI和美的未来的战略目标挂钩！KPI缺乏和战略目标清晰的描绘与关联。

（3）期权有效期限过短。期权有效期限多为1～2年。这意味着管理层在期权解锁之后必须在1～2年内“行权”。也就是股价在解锁后12～24个月内若无法涨起来，基本上期权的价值就归零了！这又反映出美的追求“短期”业绩的突破。有效期限越长，期权的成本越高。

案例Ⅲ：特斯拉（Tesla）的股权激励

从2003年成立至2013年，Tesla 从未有过任何盈余的记录。基本上资本市场并不预期在未来短短几年之间它将会扭亏为盈。然而Tesla的股价从2013年大约40 美元到快速增长到2018年的300 美元（见图4–3）。其间，市值的变化是相当可观的。Tesla股价的变化，基本上是反映市场对Tesla未来预期的改变。根据统计数据 GM（通用汽车公司）在2013年平均单月生产销售 200 000辆。2013年，GM估值大约仅有600亿美元。而怪异的是2013年Tesla的估值约300 亿美元。2013年时Tesla的估值已是GM的一半。然而可笑的是，Tesla 2013年大约仅仅生产20 000 辆。Tesla的市值全然来自市场对它未来的预期，很明显，市场并不把Tesla按传统“汽车行业”来估值。

我们可以简单地探讨一下Tesla的董事会在2012年对埃隆·马斯克及其管理团队的薪酬设计。

根据Tesla向美国证监会披露的公开信息，Tesla的高管薪酬和激励计划理念：

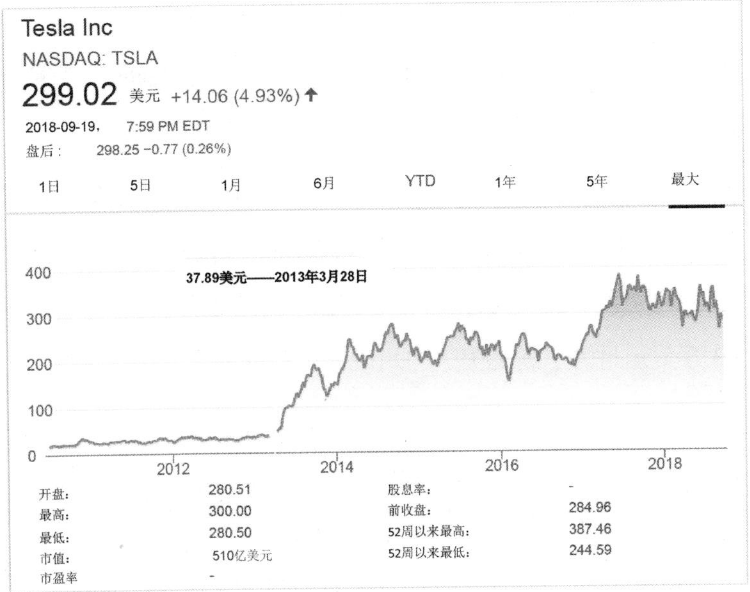

图 4-3 特斯拉（Tesla）2012—2018 年股价变化趋势

吸引、保留、激励有工作才能、绝对合格并对企业理念具有高度责任感和认同感的高管人才。Tesla不为高管提供任何遣散费；不为任何高管终止雇佣契约时提供任何持续性的工资或其他福利。这些高管必须同意并且愿意分享经营理念和愿望，共同努力实现企业目标。原则上高管薪酬主要由基本工资和期权构成……

所以Tesla的管理团队基本上是没有现金奖金。高管薪酬设计：首先，根据美国证监会的公开资料，Tesla给高管的固薪是相对低的（见表4–4）。埃隆·马斯克先生自己年薪只拿3.3万美元，其余高管大约拿25万～34万美元。2012年和2013年，Tesla底薪基本没改变，而且同样是非常的低，马斯克先生目前只接受每年1美元为他所提供服务的报酬。所谓3.3万美元是为了满足美国加州最低工资的要求。

表4–4　Tesla高管的固薪

提名高管（Named Executive Officer）	2012财年基本薪酬（Fiscal 2012 Base Salary）（$）	2013财年基本薪酬（Fiscal 2013 Base Salary）（$）
Elon Musk	33 280	33 280
Deepak Ahuja	338 000	338 000
Jeffrey B. Straubel	249 600	249 600
George Blankenship	344 500	344 500
Gilbert Passin	270 400	270 400

从2009—2012年，过去3年，马斯克先生未从Tesla领取任何底薪，没接受过任何现金奖金。2012年底马斯克先生要求公司董事会决议授予Tesla现有在市场流通股数5%的期权作为他未来的股权激励。该股票期权的授予是按绩效授予，有效期限10年。总共分10档次按绩效分批授予。每一个解锁的档次的条件定义如下：

① 市值每增加40亿美元；

② 加上完成一项事先设定的运营里程碑指标。

每解锁一个门槛，解锁1/10的股数。市值再增加40亿美元，且再完成第二个运营里程碑指标，第二个解锁门槛达成，再授予1/10 的股数，依此类推。董事会设定的十大运营里程碑指标的详细定义如表4-5所示。很明显地，直到第7个门槛Tesla才第一次引进财务指标："连续四季度实现毛利率大于30%"，而量产必须等到第八、第九门槛。

表4-5 Tesla 马斯克个人股权激励运营指标

核心运营里程碑	
成功完成Model X工程原型（Alpha） 成功完成Model X原型车（Beta） 成功完成第一辆Model X生产车 成功完成第三代GEN III工程原型（Alpha） 成功完成第三代GEN III原型车（Beta） 成功完成第三代GEN III生产车 连续四个季度的毛利率≥30% 2012年期权授予十大运营里程碑的定义： 总汽车产量≥200 000辆 总汽车产量≥300 000辆	Successful completion of the Model X Engineering Prototype (Alpha) Successful completion of the Model X Vehicle Prototype (Beta) Completion of the first Model X Production Vehicle Successful completion of the Gen III Engineering Prototype (Alpha) Successful completion of the Gen III Vehicle Prototype (Beta) Completion of the first Gen III Production Vehicle Gross margin of 30% or more for four consecutive quarters Aggregate vehicle production of 100,000 vehicles Aggregate vehicle production of 200,000 vehicles Aggregate vehicle production of 300,000 vehicles

可以尝试问一个非常有趣的问题：2014年Tesla的马斯克先生第一次访问中国，主要是给美国资本市场看还是给中国人看？年产3万辆车（2014）估值300 亿美元的汽车企业跑到中国来布局，是努力创造利润？还是努力改变市场预期？我们也可以回想，请问Tesla 2014/2015年在中国到底卖掉几辆车？马斯克先生有没有可能在中国“表演”给美国的资本市场看？

对其余的高管，Tesla高管薪酬怎么设计？基本上还是底薪+股票期权，没有任何现金奖金的（不过事实上他们也没有多余的现金能够拿来发奖金的！），高管薪酬主要是长期股权激励。根据Tesla向美国证监会公告可见：

> 我们的股权奖励计划是为我们高管提供长期激励的主要工具。我们的股权激励历来是以期权授予高管的形式来购买我们的普通股股份。我们认为，期权授予强化高管与我们股东的利益是一致的；建立高管人员长期绩效奖励，并创建一个“拥有”的企业文化。此外，本公司期权授予的设计有利于人才的保留。长期

授予设计的特征是给高管人员提供了一个愿意长期留在我们企业的诱因。到今天为止，我们还没有一套既定的股权奖励授予标准，薪酬委员会与我们的CEO协商并按其判断和决定，同时考虑该名员工的角色和工作责任，劳动市场竞争因素以及其他因素包括该员工已持有的股票期权及底薪的金额，来决定股权奖励。按照我们的股权奖励政策，薪酬委员会每月召开一次会议，以批准股票期权，授予生效期为每月的第二个星期一。

很明显地，Tesla对一级高管包括它的财务总监、生产与销售总监主要薪酬结构大多以非常低的固定薪酬加上激励股票期权。以下是Tesla在2012年对核心高管期权授予的名单（见表4-6）。

更有趣的是Tesla高管期权的解锁是使用所谓的“悬崖式解锁”（cliff-vesting）来设计的。也就是第一年解锁20%的期权，以后四年，按月解锁；每一个月1/48（见表4-7）。

表4-6 Tesla股权授予的高管名单

姓名（Name）	年龄（Age）	职位（Position）
Elon Musk	41	首席执行官、产品架构师和董事会主席
Deepak Ahuja	50	首席财务官
Jeffrey B. Straubel	37	首席技术官
Gilbert Passin	52	副总裁，分管生产
George Blankenship	59	副总裁，分管全球销售

表4-7 Tesla核心高管期权授予计划（节选）

2012股权授予

在2012年第一季度，我们完成了高管人员绩效考核，按考核结果部分高管人员授予额外的股票期权。下表载列该等绩效考核为基础的股票期权授予。

姓名（Name）	授予日期（Date of Grant）	待行权期权额（Number of Shares Underlying Option）	行权价（Exercise Price）（$）	行权起始日（Vesting Start Date）	行权计划（Vesting Schedule）
Deepak Ahuja	2/13/2012	30 000	31.49	2/13/2012	每月1/48
Jeffrey B. Straubel	2/13/2012	50 000	31.49	2/13/2012	每月1/48
George Blankenship	2/13/2012	40 000	31.49	2/13/2012	每月1/48
Gilbert Passin	2/13/2012	30 000	31.49	2/13/2012	每月1/48

根据Tesla向美国证监会的公告显示，公司认为此种解锁方式更适合用来“保留”高管人才。

In addition, the vesting feature of our equity grants contributes to executive retention because this feature provides an incentive to our named executive officers to remain in our employ during the vesting period.

如同我们在前文“解锁条件/方法”中提到有关悬崖式的解锁的主要目的与功能，我们认同Tesla对高管在草创时期使用“悬崖式的解锁条件”。的确，悬崖式的解锁如同前面讨论更能够提供“及时的激励”，它使草创公司更有机会吸引到“人才”；同时对人才的保留与淘汰也都能够发挥正面的作用。

总结：Tesla案例验证高管薪酬设计的基本原则：固薪/现金绩效奖金与股权期权占高管总薪酬包的比重主要决定于企业价值创造驱动的来源。到底是“已实现的业绩”（盈余的惊喜）重要，还是“改变市场的预期”重要？

（1）当企业价值的创造主要来自改变投资者在市场对企业未来的预期时，那么股权/期权占总薪酬包的比重也应该跟着加大。特斯拉的高管薪酬设计基本是反映出这一基本设计逻辑的。相反的，当企业价值的创造主要来自“已实现的业绩”时，那么固定薪酬+现金奖金占总薪酬包的比重应当会跟着加大。高科技行业、初创公司、快速成长的行业若是过度使用现金奖金，那就犯了很大错误。因为这类企业的估值主要是来自改变市场的预期。Tesla 从成立以来没有替它的任何一位高管提供任何年终现金奖金。这是合理并且是符合“一致性原则”的设计。

（2）Tesla设计的另一个特点是该股票期权计划有“非常清晰、客观的业绩指标”。与其让管理层来设定目标，不如由市场来评估高管的能力。特斯拉的马斯克先生要求董事会以公司的市值作为考核的主要指标与它的估值是完全一致的！另外Tesla高管第二类的KPI实质上反映出特斯拉未来10年的战略规划，非常清晰、简洁、有力。过往6年我们清清楚楚看到特斯拉基本上是按它给CEO的战略指标一步一步地向前迈！

（3）对核心高管，Tesla采用“悬崖式”按月解锁。此类设计对高科技、创新、高流动草创时期的企业来说更能够吸引、保留住人才。

案例Ⅳ：网飞（Netflix）的股权激励设计：员工选择权

Netflix因为拍了《纸牌屋》而名声大噪，这家公司早期做录影带出租起家，Netflix的“影片推荐系统”便是它的核心竞争力所在。客户只要付19.95美元，到网站注册，按照顺序从最喜欢到不喜欢去选你的影片。Netflix就能够根据大数据系统知道每一名客户大概喜欢看什么样的电影，什么时候看。为了确保客户在24小时内拿到录影带，在客户没有选择之前，Netflix会预先把这个录影带送到当地配送仓储中心；每次Netflix以快递方式送3个DVD上门，客户看完后再用附上的快递信封寄回，24 小时内Netflix会再寄回3个DVD，用户看到饱为止，无限量！这是Netflix起家的战略！

从2012年开始，Netflix转为“流媒体战略”，Netflix再也不是播放器或DVD公司，客户可以直接从其网络下载电影观看。从图4–4 Netflix股价走势中可以看到其股价在2012年之后呈现爆发式增长，从原来的40多美元一路猛涨到300 ～ 400美元。究其原因，是因为华尔街和投资者突然间发现，这家公司不仅仅只是流媒体，Netflix的推荐引擎加上大数据已经成为其最大的竞争力

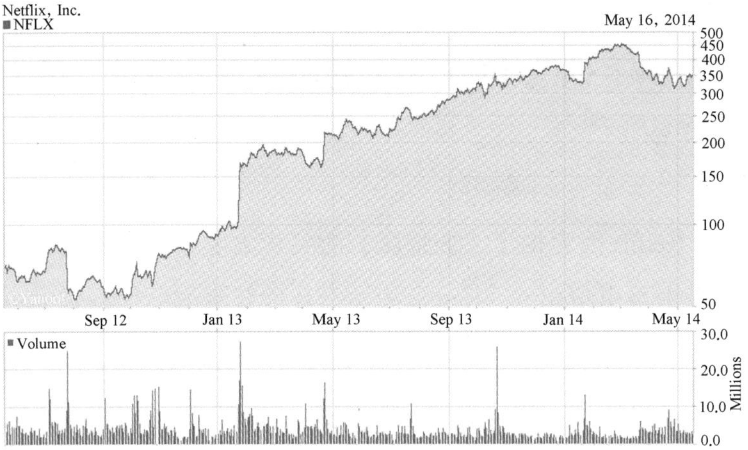

图4-4 Netflix 2012年的公司股价

所在。在2013年，Netflix拥有来自186个国家的4万多个团队来运营影片推荐系统，通过筛选、比较影片来提升系统和效率。

同时，借由其推荐系统的数据分析，Netflix充分掌握了观众偏爱何种内容的影片，于是Netflix从2013年开始制作影片、影集，逐步蜕变加入“媒体内容提供者”（content provider）的行列。结果令人惊喜又在意料之内，Netflix制作的每部影片都在极短的时间内引发市场轰动，全部获得大奖，一夕之间Netflix变成了好莱坞的大咖了！股价由30 ～ 300美元的飙升足以印证，投资者已经不再把Netflix当作流媒体公司来看，而把它当作电影内容提供者的公司来期待。

Netflix的成功不得不提其“影片推荐引擎”，其实这个系统是在网上公开征集迭代的“全开放平台”，Netflix把公司的用户数据公布给大家使用，谁有办法作出更合理的数学估算模式，改进现在的精确度，谁就能获得最佳方案，即拥有100万美元的奖励。到2012年Netflix第二次颁奖，不仅加大了奖金数额，奖项甚至颁给了一个由不同国家不同行业7名成员组成的线上团队，颁奖当日才是7位成员第一次碰面。可见Netflix已经完全突破了组织的边界，以完全开放系统的方式来创新！这也是目前很多企业面临的变革方向，未来企业所需的核心能力、尖端知识可能并不在企业里面，而散落在跨领域、全世界。如何设计组织、运行机制，如何吸引最好的人才、链接各种核心资源，搭建整合资源的平台，才是未来组织存在的价值所在。

可能很多人都听闻“自由+责任”是Netflix的企业文化。像Netflix这样一家特立独行的企业，如何设计员工的薪酬？它的薪酬哲学是什么？

Netflix的老总Reed Hasting认为，一个有能力的员工是可以胜过两到三名能力一般的员工的。所以Netflix的员工只要能把工作做完，就可以自行决定什么时候放假，放几天假。同时，Netflix认为既然自己聘用的是行业内最优秀的员工，那么他们的薪水理应要远高于市场水平。所以Netflix是以高底薪闻名，这点与Tesla完全不同。高底薪，管理的重点在“有效的淘汰机制”的建立！

那么Netflix如何“激励”自己的员工？Netflix的每一位员工，可以自行决定自己的底薪和期权的比例构成，只要不超过公司规定的最多50%的底薪，员工可以选择多少占比的收入置换成公司的期权。假如你的年薪是总报酬50万美元，你可以全部拿现金，也可以选择拿24万美元期权和26万美元底薪。Netflix从CEO到打扫阿姨，每个人的薪酬选择权都是一样的，可以说Netflix真正创造了一个全透明的企业文化，这一点最了不起。每年年初公司让员工选定比例，怎么拿钱完全由员工个人决定，激励强度、斜率都由员工选择。这种没有限制的自由选择权，完全符合了Netflix“自由与责任”的哲学！

Netflix员工选定期权比例后，授予是按月进行。继续以上面的例子来换算，员工先决定拿期权的百分比点数，然后除以12，每个月可以拿那个部分价值来换期权。例如，每年1月1日员工通知 HR 拿24万美元期权，每个月薪水中有2万美元置换成期权。而期权的价格（估值）通常以置换日当日“收盘价的20%”来计算。譬如，2013年4 月，Netflix的股价大约在30 美元左右。假设月底收盘价 30美元，那么每股期权价格=30×20%=6美元，那么每月置换股数等于2万/6美元=

3 333.3 股。试想如果你在股价31 ～ 32美元时，选择把底薪50%全部换成期权（行权价=32美元，期权价格=6.4美元/股），如今 Netflix每股价格大概是300美元左右，那你就大赚特赚了！请注意每个员工都有机会！这是非常强非常巧妙的激励。

给付员工“高薪”的管理重点主要是“淘汰”不符合预期的员工，而Netflix的期权授予模式与此配合一致：没有锁定期，不需要金手铐，让高管比较容易做出淘汰决定。做得好继续留你，做不好我请你走，大家好聚好散。而且不论如何，期权都是你的，随时可以兑现。另外，Netflix 还给员工提供牙医和寿险等各种福利。甚至退休金的提取，也可以选择置换成Netflix公司的股票，公司还可给予当月最低收盘价的85%的优惠折扣。以去年为例，如果当月股价涨到200多美元，但最低的股价是50美元，公司给出置换股价按50美元乘以85%，让员工自己选是否将退休养老金置换成 Netflix 的股票，如果你要跟我长长久久，那我也对你好。这就是 Netflix“自由与责任”（freedom and responsibility）的企业文化。

综上，Netflix的激励特点在于：不给现金奖金+自由选择权。

（1）不给现金奖金：因为Netflix仅聘用一流人才，同时

Netflix提供的固薪一向高于市场水平。Netflix同时认为每个员工都将会尽心，尽力干好自己的工作就是员工应有的责任。这也就解释了为何Netflix的固薪是高于市薪，可以说奖金已经事先给了，包含在固薪里。

（2）自由选择权：员工可将部分固薪置换成期权，也就是股权、期权、固薪的占比可由员工挑选。选择权基本在员工，激励强度自己选！此种设计除了有很好的激励效果外，更重要的是能筛选出合适的员工来干活！一般来说，员工的风险偏好观察不到，但是员工的行动、行为、决策是看得到的。愿意将固薪置换成越多期权的员工，代表更看好企业的前景，也更愿意伴随企业发展共担风险。他们的风险承担能力，以及对激励的反应是完全不同于他人的，这帮员工也将会更愿意和企业共生死共成长。

（3）全员持股计划：这似乎是沿用它在未上市前激励全体员工的一套激励机制。因此它的特征是公平性特强。不论级别、职位，人人都有机会。更重要的是，它每年都在执行！

（4）期权是员工“买来的”，不是白白送的，当然价格有些折价。无等待期、锁定期、没有特定业绩条件，也方便员工的淘汰或离职选择。

第5章

企业的社会责任与风控：高管薪酬设计中的追回与没收条款的设计

强股权激励与强考核机制无疑将会激发、带动员工和高管的积极性。但是过强的激励也同时可能引发高管冒险、投机甚至不法的行为。重赏之下必有勇夫，但是鲁莽激进、过度冒险，甚至以企业的资源来做个人财富的对赌可能会给企业带来灾难性的后果。安然事件、Worldcom 的财务造假、2008年的金融危机都是前车之鉴。因此如何平衡激励与管理层的过度投机冒险的行为，是任何高管薪酬、公司治理设计者必须随时谨记的重心。

强激励之下必然要有强问责机制的存在。通常，完善的风险管理以及公司治理需要有健全、专业、独立的董事会作为一切风险管理的基石。在机制设计上我们需要做一些基本的设计来防患于未然。2002年美国国会通过了《萨班斯-奥克斯利法案》(The Sarbanes-Oxley Act)，该法案第304条包括一项高管薪酬追回条款。其要求上市公司首席执行官（chief executive officer，CEO）和首席财务官（chief financial officer，CFO）对所获取的激励奖金、股权激励或其他激励，以及任何于公开发布财务信息后12个月内所获得的公司股票交易利得，一旦管理层由于不当行为或重大不符合法规所导致按联邦证券法的要求企业必须对其财务报告重述，则可进行薪酬激励的追回。但是，第304条有许多限制，特别是：

① 它规定了仅首席执行官（CEO）和首席财务官（CFO）必须支付的追回条款补偿，但并不适用于其他高管；

② 它没有清晰定义“不当行为”，对首席执行官或首席财务官是否必须参与不当行为以使其承担责任产生了模糊性，并且没有具体说明谁的不当行为足以引发追回条款；

③ 到目前为止，法院认为第304条只能由证券交易委员会（Securities and Exchange Commission，SEC）强制执行，第三方（如公司或其股东）提供对首席执行官或首席财务官提起根据304法案的诉讼权利并不存在[1]。

在美国，第一个304条款强制执行的案例，是2007年证券交易委员会（SEC）对United Health Group Inc 的前任主席兼首席执行长的起诉案件。该案的被告人最终同意偿还从2003—2006年所获取的总额约468万美元的现金奖金、已行权和出售United Health股票相关的利润，以及尚未行权的期

---

[1] Neer v. Pelino, 389 F. Supp.2d 648（E.D. Pa. 2005）, In re BISYS Group Inc., 396 F. Supp. 2d 463（S.D.N.Y. 2005）, Kogan v. Robinson, 432 F. Supp. 2d 1075（S.D. Calif. 2006）.

权和股权[1]。中国法律对高管薪酬追回条款的要求目前还不甚明确。然而公司董事会应当有一定的权限设计和适当追回或是补偿条款。特别是由于高管不当决策或不法行为导致企业财报必须重述或股东承受经济上重大损失时，如何能够合适地追回已给付或尚未给付的激励薪酬将是非常重要的。因此董事会在进行任何一轮的股权或激励奖金设计时，必须涵盖合适的追回或是相对应的补偿条款。

以下我们首先讨论2016年美国富国银行（Wells Fargo）的舞弊案件以供参考。透过案例分析，我们至少可以认识有哪些基本工具在公司治理或高管薪酬设计时可以使用。

富国银行事件和追回条款：慎防强激励下监管漏洞导致的扭曲行为

2016年，美国四大银行集团之一的富国银行（Wells Fargo）由于未经客户授权虚开账户等问题，被罚1.85亿美元，董事长兼CEO Stumpf也因此引咎退休。作为美国四大银行集团之一，富国银行是美国大型银行中自2008年金融危机以来

[1] See Securities and Exchange Commission v. William W. McGuire, M.D., Litigation Release No. 20387（Dec. 6, 2007）.

业绩最好的机构，股本收益率一直保持在两位数以上，不良贷款率仅为0.7%（2016年二季度末），市净率达1.3倍（2015年末），多年占据全球银行市值排名第一的宝座。2016年被曝丑闻后引发了一系列负面影响，美国银行业陷入新一轮的信任危机。

造成这一系列扭曲行为的背后存在系统性的缺失和漏洞，主要从激励设计和风险监管的角度来看有以下几点。

（1）强激励带来冒险行为与监管缺失。“交叉销售”（cross-selling）策略很长时间以来一直是富国银行引领的行业标杆，对平均每个客户可成功销售高达8个产品。而为了实现这种“交叉销售”，针对中基层业务员，富国银行设定了非常激进的考核指标，并且过于强调个人业绩完成情况，业务员只有达到绩效门槛值后才能拿到超额部分的奖金，如果不能按期完成则将面临被解雇的风险。同时，配套的“刺激转账”（funding stimulation）激励政策，针对与“客户开户数及新开账户中形成流水”挂钩的丰厚奖金，更是诱导业务员虚开账户、非法转账的直接原因。

另一方面，强激励高压之下的监管缺失则更为致命：考核中仅聚焦于“开户数量”这个单一指标，而不审查开户后用户真实的使用情况，很多账户在虚假转账完成指标后不久就悄然关闭（类似于其他行业只考核销售额而不看交付质量和回款金额的设计），管理层竟然没有意识到这些账面不断新增的账户并没有带来实质性的交易和收入增长，仅仅是有流量没转化率的“空头支票”。另外；业务员在达成指标后的绩效奖金即时兑付，没有任何递延支付的风控设计，这种漏洞在国内外金融行业中仍然非常普遍。而由于监管的缺失，员工的舞弊行为不但没有被惩罚遏制，犯规者即时兑付的高额奖金反而助长了“假账”风气全面蔓延。

（2）风控：高管薪酬与追回条款的设计。从2012—2016年披露的年报中可以看到，富国银行的高管薪酬结构的设计相对比较合理，固薪（base salary）占比在15%～19%，绩效奖金（annual incentive）和长期激励（long-term incentive，LTI）占大多数，为81%～85%，而现金与股权激励的比例为30：70，高管薪酬主要部分在于分批解锁的股权激励（见表5-1）。

此事件爆发后，富国银行迫于社会舆论的压力，执行了高管团队的薪酬追回和没收。而早在2006年富国银行就预设了针对高管薪酬的追回条款（Clawback Policy），2009年开始推及到整个高管团队无论涉事与否的“连坐”问责。其实，

表5-1　富国银行的高管薪酬结构的设计

	固定薪酬（Fixed）	变动薪酬（不保证）（Variable "At-Risk"）		
	基本薪水（Base Salary）	年度奖金（Annual Incentive）	长期激励（Long-Term Incentive）	股权（Equity）
CEO	14%	21%	65%	70%
Non-CEO Average	19%	17%	64%	66%

	更注重变动薪酬（Emphasis on Variable Over Fixed Pay）		更多以股权形式兑付（Hight Proportion of Pay in Equity）	
	固定薪酬（Fixed（Base Salary））	变动薪酬（年度奖金）（Variable "At-Risk"（Annual Incentive and LTI））	现　金（Cash）	期　权（Equity）
CEO	15%	85%	30%	70%
Other NEO Average	19%	81%	32%	68%

来源：富国银行2013和2016年报（Wells Fargo 2013 & 2016 proxystatement）。

追回条款在美国金融界并不鲜见，自2002年安然事件后，证券交易委员会（SEC）对安然公司高管实施了追回报酬的处罚。2008年金融危机后，多德-弗兰克法第954条针对所有上市公司规定了追回条款，但由于SEC并未形成正式规则强制要求，因此很少有公司真正实施追回条款。在富国丑闻之前，也只有摩根大通CEO戴蒙由于“伦敦鲸”事件（信用违约掉期大宗交易舞弊事件）遭受减薪处罚，也并非是真正的追回报酬。

富国银行的追回条款中，包含了对各种激励的追回和没收（细节如下）：

①“尚未发放的绩效薪酬”（bonus or incentive compensation）的追回；

②“过往相关年度已发放的绩效薪酬”的追回；

③“已经授予的股权/期权激励”（equity awards granted）的追回；

④“尚未兑付的限制性股票和绩效单位奖励”（unpaid RSR and performance share awards）的没收/取消。

（3）事件发生后对高管的处罚。零售银行事件的直接责任人、零售业务高管Tolstedt的股权激励奖金（1 900万美元）已被追缴；董事长兼CEO的Stumpf被迫提前退休，其股权激励奖金（4 100万美元）被追回，也无法享受退休政策。详细的高管授予股权的没收和“追回”汇总如表5-2所示。

同时，全体高管（即便不直接涉及该事件）2016年度现

表5-2 高管授予股权的没收和"退回"

提名高管（Named Executive）	激励类型以及对应被追回的份额（Award Type and Number of Shares Forfeited（#））		追回的金额（美元）（Value Forfeited（$））
John G. Stumpf	2014 绩效单元	（290 880）	（13 115 773）
	2014限制股（源自2013年奖金部分）	（7 757）	（349 763）
	2015 绩效单元	（235 746）	（10 629 775）
	2015限制股（源自2014年奖金部分）	（12 573）	（566 909）
	2016 绩效单元	（348 196）	（15 700 160）
	2016限制股（源自2015年奖金部分）	（17 587）	（792 981）
	共计（Total）	（912 739）	（41 155 361）
Carrle L.Tolstedt	2014 绩效单元	（127 987）	（5 770 944）
	2014 限制股	（10 369）	（467 560）
	2014限制股（源自2013年奖金部分）	（1 370）	（61 791）
	2015 绩效单元	（103 728）	（4 677 091）
	2015 限制股	（13 554）	（611 129）
	2015限制股（源自2014年奖金部分）	（1 257）	（56 691）
	2016 绩效单元	（158 271）	（7 136 461）
	共计（Total）	（416 536）	（18 781 667）

资料来源：Wells Fargo & Company 2017 proxy Statement。

金奖金全部归零；对已经授予的股权激励全数没收，其中也包括用现金转化成限制股的部分。请参考富国银行2016年财报中披露的高管奖金发放情况（见表5-3）。

表5-3　富国银行2016年高管奖金发放情况

年度激励计划：富国银行人事委员会(HRC)在与CEO Sloan先生商议后，于2017年2月决议，所有下列提名高管2016年度的年终奖金都被取消。即便2016年公司整体财务状况稳健，其中部分高管也不直接参与零售银行业务的运营管理，但高管团队仍需作为一个整体对此次丑闻事件和公司名誉受损的结果负责。

提名高管	目标年终奖金（美元）	最高年终奖金（美元）	实际发放年终奖金（美元）
Timothy J. Sloan	1 200 000	2 400 000	0
John G. Stumpf	4 000 000	4 000 000	0
John R. Shrewsberry	875 000	1 750 000	0
David M. Carroll	875 000	1 750 000	0
Michael J. Loughlin	625 000	1 250 000	0
Avid Modjtabai	875 000	1 750 000	0
Carrie L. Tolstedt	875 000	1 750 000	0
	9 325 000	14 650 000	0

资料来源：Wells Fargo & Company 2017 proxy Statement。

同时公告中明确列出，对于2014年授予的绩效股（事件发生以前已经授予的股权），按原本3年锁定期，3年滚动业绩解锁条件授予，根据原先预设的绩效目标应当于2016年解锁的部分，以及高管本来应当可获得125% ～ 150%的给付额度（固薪的倍数），根据“追回条款”富国银行公告；2016年应解锁部分的股权，分别按个人完成业绩各自没收近一半。高管团队总共被没收的股权激励金额合计约2 100万美元（见表5-4）。

表5-4　富国银行高管团队的股权激励

	过往获得的业绩股票价值 (Amount Earned Based on RORCE Performance)		追回扣减额 (Amount Payable After Risk Accountability Reduction)	总扣减额 (Total Reduction)
Timothy J. Sloan	$11.3 million	风险责任的追回扣减 (Risk Accountability Reduction)	$5.6 million	
John R. Shrewsberry	$4.8 million		$2.9 million	
David M. Carroll	$11.3 million		$5.6 million	$21 million
Michael J. Loughlin	$5.1 million		$2.6 million	五位高管总共扣减2 100万美元
Avid Modjtabai	$11.3 million		$5.6 million	

资料来源：Wells Fargo & Company 2017 proxy Statement。

（4）考核薪酬与风控的修正：富国银行绩效考核/激励机制因舞弊事件而发生的变革。富国银行的舞弊事件与它由下往上、高强度的激励机制与文化不无关联。事件发生之后，富国银行彻底改革原有的激励考核机制。董事会要求彻底修改/改革原有的薪酬考核体系（事实上董事会本身应该对事件发生负最大的责任）。改革的重点主要在于放弃原来短期、单一、个人、结果导向的预算与考核体系，转向注重团队、长期、客服品质的考核机制。

其中很重要的举措还在于基层员工考核激励方案的改变（见图5-1）：

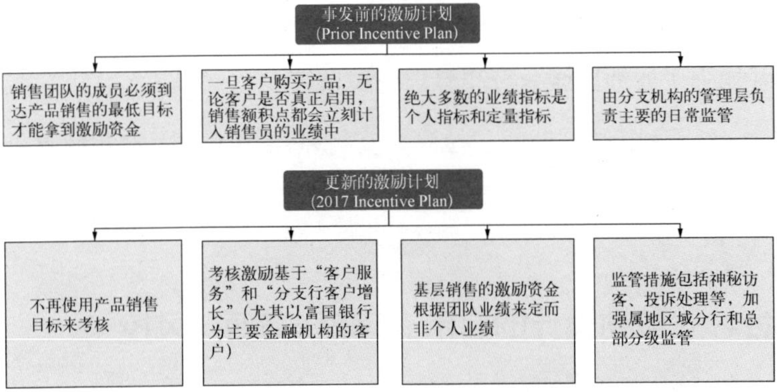

图5-1 富国银行2017年年报中关于基层员工激励方案

资料来源：富国银行2017年年报（Wells Fargo 2017 Proxy Statement, 2017 Performance Management & Rewards Summary of New Program）。

① 优化为全面考核：从原先单一考核销售，变为包含

更多行为观察的均衡考量；并且停止使用交叉销售的考核指标。

② 强调团队与长期：绩效薪酬从原先挂钩个人销售的量化指标，变为强调团队整体业绩而非个人业绩。

③ 注重客户质量：考核指标从单一挂钩销售业绩、即时兑付，变为基于客户服务，包括客户反馈和分支行整体主要客户（以富国银行为其主要金融机构的客户）的增长，更关注长期的客户关系。

④ 加强内控监管：加入神秘访客、投诉处理等管控措施，承销业务处理由原有放权到分支行，改为独立部门处理，并加强了属地区域分行和总部分级监管。

⑤ 薪酬结构调整：拉高分支行基层员工的固定薪酬占总薪酬的百分比。

金融业激励设计的启示：递延+追回+风控

纵观银行体系甚至金融行业的激励设计，尤其是起步较晚的国内银行，很少有健全的带有风控机制的激励计划。无论是现金绩效奖金还是高管股权激励，一旦在强激励下极容易产生过激行为，冒险失败最终可能仅是管理人员承担“股权无法解锁”“当年没有奖金”，以及顶多离职的后果，既没有“押金”也没有“惩罚”，但对于企业的损失却是极大的！

富国银行虽然针对高管薪酬已经预设了追回条款，但对于中基层业务员的绩效奖金还是采取了即时兑付的方式。这点则可以借鉴“UBS递延支付”的做法加以改善。UBS在2008年次贷危机后出台了全新的高管薪酬的递延锁定：高管除固薪外的绩效奖金，每年都只兑付1/3，剩下2/3递延到下一年度，到下一年度的年终奖金发放是在递延部分基础上，根据这一年度的绩效表现（公司利润和股东回报）进行调整，绩效好就叠加新一年的绩效奖金，若当年亏损就在上一年的递延保留部分的基础上倒扣相应罚金（见表5-5）。

表5-5 UBS的高管薪酬的递延锁定（单位：美元）

	第一年	第二年	第三年	第四年	第五年
当年被授予绩效奖金/罚金	150万	−40万	+140万	−30万	+60万
当年分配基数	150万	100−40=60万	40+140=180万	120−30=90万	60+60=120万
当年获得奖金	50万	20万	60万	30万	40万
递延留存部分	100万	40万	120万	60万	80万

以表5–5为例，UBS某高管在第一年绩效达标被授予了150万美元的绩效奖金，根据规定当年只拿到1/3（50万美元），剩下100万美元将留存到第二年；假设第二年业绩亏损，公司将从这100万美元的账户中扣掉40万美元，留存账户剩下的60万美元作为当年分配基数，当年可以获得1/3，即20万美元，剩下的40万美元转到第三年；到第三年业绩又比较好，新增140万美元绩效奖金，第三年年底累积有180万美元基数，可获得60万美元作为当年奖金，留存120万美元。

这种无限期的滚动递延模式，让高管始终记着还有一部分保证金抵押在公司，把原本和年度业绩挂钩的短期现金奖金，转化为跟后续每一年的绩效都相关的长期激励，防止高管在强激励下出现冒险行为。同时也保证了亏损/业绩不达标时可以从预留部分中扣回罚金，做到对高管有奖有罚、风险共担，也降低了公司的激励成本。UBS的股权激励也采用类似的方法：最初授予的股票要3年才能解锁，其年度余额也将随着未来业绩表现而浮动。可以说滚动递延是约束高管、降低道德风险非常有效而创新的工具。

金融业在考核激励设计中，最好能预设“事后”追责机制以起到警示约束作用，同时也要重视“递延和绑定”的设计，不断完善考核过程中的监管，防止过度追求短期目标而忽视内控和风险的行为，“激励”加鞭的同时也不忘抓紧“风控”的缰绳。

平衡激励与风控设计的基本要素

如何设计强有力的激励薪酬机制但在同时又能够平衡管理层过度冒险、投机的行为？笔者建议可以从以下几点要素来考虑：

（1）考核指标的选择：避免过度的追逐短期财务或会计指标（如销售或利润指标）；合适地选择第三方对标的标准，譬如行业对标、经济指数对标。

（2）对长期激励，尽可能拉长考核的期限：我们可以尝试多年（譬如3年）滚动核心指标，以此避免管理层追逐单年业绩。即便是考核当年业绩，我们也可以选择多样本点，譬如各个季度业绩的平均指数。

（3）递延机制以及损失共担机制的设立：部分短期现金奖金可以合理递延。遇亏损年度，高管必须“共担损失”。如此一来可以“拉直”考核激励曲线，避免短期作假行为。

（4）对长期期权，股权的授予：

① 拉长等待期：一般我们不建议使用12个月等待期，除

非企业有特殊的理由与考量（譬如新任高管试用，或企业面临重大转型或并购、重组）。

② 问责机制，尽可能“按绩效授予”：考核指标和企业未来3年战略方向必须紧密恰当地匹配。长期激励指标（瞻前）必定要与现金奖金指标（顾后）不同。前者为战略指引，后者强调战术与问责。

③ 长期激励股权考核期限尽可能拉长到2或3年。KPI必须是未来、战略导向。

④ 解锁期适当的拉长，确保合宜的“留人”+“问责”。

⑤ 追回条款的设计：高管因重大、非法或不当的决策导致企业或股东蒙受重大经济损失时，董事会必须有工具能够追回高管过往已获取（包括已获取的现金奖金、期股权）或取消将要获得的报偿（已授予但尚未行权，或尚未授予的股权）。

（5）企业文化：过度强调短期所谓“狼性”文化的企业，最终必然会为过度冒险激进的行为付出代价。“已有的事，后必再有；已行的事，后必再行。日光之下并无新事”。欧美高管重大财务舞弊事件均为我们前车之鉴。

第6章

总结与反思

学界有着长久的历史和大量的文献研究高管薪酬与激励机制。近20年来业界积极地利用期股权作为高管的激励杠杆，“过高的高管薪酬”在董事会、公司治理及舆论界均产生了相当大的争议。股权激励真有我们想象中那么重要吗？管理层真能理解、连接“股东价值创造”与其个人决策之间的关系吗？特别是当多数大众对中国股市的合理性、有效性持有高度质疑的情况下？

本书参考过往重要学术研究的成果，以及中西案例实践的汇总，尝试提供给读者一个简单的逻辑架构作为设计的参考。但事实上，没有任何简单、规范性的“处方”可以解决高度复杂的高管薪酬激励机制设计问题。这其中学术研究可能挖掘的问题多于解决方案与建议。但是我们几乎可以确信，风险与激励的确是“价值创造”的推手，可它却也是双刃利剑：可驱动管理层的积极性，但也鼓励着冒险激进与投机。如何平衡绩效考核（后顾/短期）和激励机制（前瞻/长期）的设计，决定了管理层的薪酬结构，更是影响企业人才的吸引保留与筛选。

我们须切记，在判断和评估任何一套激励机制的有效性前，是否我们真能清晰了解该企业的战略方向、股东和经理人的特点与文化。高效的激励考核机制必然需要和企业的战略、组织、文化紧密地匹配在一起。世上不存在“范本”可以直接“复制”，简单规范性的建议或结论可能会带来更大更深的误导与损失。古代医界泰斗希波克拉底的誓言中的第一条承诺是：“首先，不要伤害”（或“*primum non nocere*”，来自原始希腊语的拉丁语翻译）。任何机制的设计者必须谨记，当我们架构一套激励机制时，是否可以合理地评估它所可能带来的道德风险或是损害？

致　谢

本书的理论逻辑是基于过往许多学者的研究（包括个人的研究）与发现。感谢无数前面的学者默默地投入与执着，让我们的知识累积得以不断地优化与完整。写作的动机是响应中欧国际工商学院为庆祝成立25周年出版的一套中欧前沿观点丛书。内容部分是源自2013—2019年我在中欧国际工商学院任教期间的课程笔记。2013年一次偶然的机遇，我受邀返回亚洲任教。在这短短6年中，我亲身体验到中国互联网企业的飞速发展与现今经济转型的挑战。中欧国际工商学院是中国经济、企业的缩影。感谢在任教期间接触到无数专一、求真、求实的企业家与创业者的中欧同学与校友。课间的讨论及课外无数企业的参访、互动、分享带给我们无价的数据与案例，更激发我们对理论与实践反思、探讨与融合的努力。这便是我们最大智慧财富的累积与收获。同时感谢历年来的研究伙伴的督促与协助，更感谢我太太叶美妍女士无私的支持，在2013年毅然辞掉稳定的工作和我搬到上海，也感谢上海教会弟兄姐妹的爱与支持，让我们在这新的城市里倍感温暖。我同时感谢中欧国际工商学院的研究经费支持，感谢丛书编辑所做的编订工作，更感谢许定波教授对本书所提出的评审意见。最后感谢研究助理陆怡女士耐心、仔细地阅读以及多次修改初稿。作者负全部文责。

黄钰昌